SPIRITUALISME

ET

MATÉRIALISME.

SPIRITUALISME

ET

MATÉRIALISME

PAR

le Docteur Félix ISNARD.

Tout par la science et pour l'humanité.

PARIS,

C. REINWALD et Cie, LIBRAIRES-ÉDITEURS,

15, RUE DES SAINTS-PÈRES, 15.

1879.

SPIRITUALISME

ET

MATÉRIALISME

PAR

le Docteur Félix ISNARD.

Tout par la science et pour l'humanité.

PARIS,

C. REINWALD et Cie, LIBRAIRES-ÉDITEURS,

15, RUE DES SAINTS-PÈRES, 15.

—

1879.

Ce livre est essentiellement une œuvre de vulgarisation. Il est destiné à secouer cette indifférence pour les études philosophiques dans laquelle vit un si grand nombre de personnes et à poser les bases d'une morale solide.

La philosophie est la recherche de la vérité et de la justice. Elle enseigne à l'homme son but sur cette terre, lequel est de faire à la fois son propre bonheur et le bonheur de ses semblables.

La philosophie est aussi nécessaire à l'existence des sociétés que la nourriture l'est à la vie de l'individu. Elle est la boussole indispensable dans l'évolution progressive de l'humanité. Sans elle, il n'y aurait ni stabilité politique, ni état social possibles : les nations marcheraient à tâtons, avançant un jour et reculant le lendemain, tombant périodiquement dans l'anarchie ou dans la servitude, tantôt se jetant dans les bras d'un despote et tantôt se livrant à la domination d'un parti religieux, heureuses encore quand elles ne subiraient pas cette double oppression à la fois.

Notre indifférence pour les études philosophiques tient à deux causes. La première est la pénurie d'ouvrages spéciaux pouvant être compris de tout le monde ; la deuxième est la nature de notre éducation religieuse.

Certainement les traités de philosophie ne manquent pas, mais presque tous ont le défaut d'être trop savants et de ne convenir qu'aux rares personnes qui ont déjà sérieusement étudié cette matière. Ainsi s'explique l'éloignement général pour une science dont on nous rend les abords si arides et si difficiles.

Le travail qu'on va lire a en vue d'aplanir ces difficultés, en mettant à la portée de chacun les premières notions philosophiques que tous doivent posséder.

Dans ce but, je me suis abstenu des spéculations transcendantes et métaphysiques que l'on trouvera dans les ouvrages dont je parlais plus haut, et j'ai évité avec soin ces termes obscurs dont a trop abusé la philosophie allemande, tels que l'*inconscient* et le *conscient*, l'*absolu*, le *subjectif* et l'*objectif*, etc. Je me suis borné aux simples réflexions suggérées par le bon sens aidé de l'expérience et de la science, et je les ai exprimées avec le plus de clarté et de précision possible.

La deuxième cause de notre indifférence pour l'étude de la philosophie vient des doctrines religieuses qu'on nous a enseignées dès nos premières années. Ces doctrines, que l'on voudrait établir comme limites à nos connaissances philosophiques, commandent une foi aveugle et interdisent le libre examen, enchaînant ainsi la raison et empêchant la recherche de la vérité.

Le remède à ce mal consiste à tout soumettre à l'épreuve rigoureuse du raisonnement et à n'accepter comme vérité que ce qui est démontré par la science. Aussi je ne saurais trop engager les hommes sensés à réagir contre cette sorte d'oppression qui, non contente de nous avoir, dès le berceau, imposé des croyances fausses, met plus tard tout en œuvre pour entraver notre émancipation intellectuelle.

Cette oppression, je l'ai subie comme toute la génération actuelle, quoique ayant été mieux partagé peut-être que le plus grand nombre. Élevé exclusivement sur les bancs de l'Université, ayant eu pour maître un philosophe libre penseur, je n'en ai pas moins ressenti l'influence du spiritualisme religieux qui domine aujourd'hui dans l'enseignement officiel et dans le public. Mais, dès que j'ai commencé à réfléchir, j'ai douté; et quand j'ai médité davantage, j'ai compris l'erreur et le danger de cette doctrine et je l'ai franchement combattue et repoussée. Mais combien il m'a fallu de temps pour arriver à ce résultat! C'est une pareille perte de temps que j'ai désiré éviter à mes lecteurs en condensant dans quelques pages mes réflexions de plusieurs années. Heureux si je puis leur faire partager mon opinion ou, tout au moins, appeler leur sérieuse attention sur un sujet aussi important!

Deux doctrines générales se partagent actuellement la philosophie : le spiritualisme et le matérialisme.

Quelle est celle qui renferme la vérité?

Quelle est celle qui peut nous donner la meilleure morale?

Telles sont les questions qui m'ont préoccupé et qu'il est indispensable de résoudre aujourd'hui.

J'ai examiné ces deux philosophies sans parti pris, sans idée préconçue, pesant tout à la balance de la raison et de la science et essayant de me faire sur chaque point une opinion nette et précise.

Je n'ai trouvé dans le spiritualisme et ses nombreux systèmes, reposant uniquement sur des abstractions métaphysiques ou des conceptions fantaisistes, que des contradictions et des incohérences, rien enfin qui puisse satisfaire un esprit scientifique, et je les ai rejetés.

Le matérialisme, au contraire, basé sur des principes fixes fournis par l'observation de la nature, l'expérimentation et le raisonnement, m'a paru se rapprocher davantage de la vérité et c'est lui que j'ai préféré.

Je convie tout homme de bon sens à peser, comme je l'ai fait, les deux doctrines. Qu'il oublie un moment, si c'est possible, les notions reçues dans son enfance et qu'il n'ait d'autre souci que la conquête de la vérité.

Il est grand temps, en effet, que la vérité se fasse jour et pénètre dans tous les esprits. Et si nous la voulons et la recherchons avec tant de passion, c'est que nous sommes convaincus qu'elle seule peut amener la paix et l'union parmi les citoyens et faire cesser ces luttes ardentes qui divisent la société en deux camps et menacent sa sécurité.

Il est un fait certain, c'est que tôt ou tard la vérité triomphera : ainsi le veut le progrès naturel. Quels que soient les efforts que l'on multiplie pour l'étouffer, on n'y parviendra pas : on retardera plus ou moins son règne, mais voilà tout. Qu'on facilite donc son avènement au lieu de lui faire une coupable et inutile opposition.

Dans ce but, nous réclamons la libre discussion. Nous voulons pour chacun, ennemi ou partisan de tel ou tel système philosophique, la liberté de la tribune où toutes les théories puissent être discutées au grand jour et livrées publiquement à une polémique contradictoire. Jusqu'ici cette liberté nous a été refusée, tandis qu'elle est accordée à nos adversaires. Parce que nous sommes athées et matérialistes, nous sommes mis, en quelque sorte, hors la loi, souvent traqués, toujours accablés de sarcasmes et de mépris.

Est-ce bien juste et bien digne? Du moment que nos adversaires ont le droit de prêcher leurs doctrines et de combattre les nôtres, la stricte équité veut que nous ayons, nous aussi, notre chaire publique, où la libre pensée puisse apporter ses arguments et se défendre. C'est par là seulement que la vérité surgira, amenant avec elle la morale que nous recherchons.

Car, en définitive, quel est le résultat que nous voulons obtenir, hommes de bonne foi que nous sommes tous, sectaires de toute religion et de toute philosophie, déistes, sceptiques ou athées, spiritualistes ou matérialistes, catholiques, protestants ou libres penseurs? Ce résultat n'est-il point la plus parfaite des morales, dernier *desideratum* des religions et des philosophies?

Eh bien! le système philosophique ou religieux qui atteindra le mieux ce but doit être le système préféré et adopté par tous. Et s'il est prouvé que le dogme religieux n'est point l'assise indispensable d'une bonne morale, et, bien plus, qu'une base religieuse ôte à celle-ci de son efficacité ; s'il est prouvé, en outre, que la philosophie seule conduit à ce résultat et que le matérialisme est, de toutes les doctrines philosophiques en présence, celle qui nous donne le plus sûrement cette morale, oh ! alors, faisons avec courage un sacrifice nécessaire, dépouillons-nous virilement de ces croyances fausses qui ne nous sont chères que parce qu'elles ont été les compagnes de toute notre vie, mais qui sont incapables de faire notre bonheur, et rallions-nous franchement au matérialisme. Cessons de considérer cette philosophie, parce qu'elle est la négation scientifique de Dieu, comme une doctrine immorale et anarchique, mais voyons plutôt en elle

l'espérance de l'avenir et préparons-nous à
assister sans regrets à l'écroulement des
religions devenues des institutions vieillies
et désormais inutiles.

Je crois parvenir à prouver que le matérialisme est la doctrine qui nous donne
cette morale tant désirée. Celle-ci, aussitôt
qu'elle nous sera connue, doit être enseignée fortement à l'enfant dès ses jeunes
années, dans la famille comme dans l'école.
Elle sera non-seulement la première mais
la constante nourriture intellectuelle de
chacun de nous. C'est par elle que l'on
fera de véritables hommes et de véritables
citoyens. C'est en se pénétrant de cette
morale que la génération nouvelle prépa-
rera le règne de la justice sur la terre ;
mais, pour cela, que de labeurs l'attendent
encore ! Espérons qu'elle entrera résolû-
ment dans cette voie salutaire que lui ouvre
une philosophie vraie ; que, regagnant

bientôt le terrain perdu par ses devancières, elle reconquerra et étendra les grands principes humanitaires de 89, méconnus ou délaissés depuis près d'un siècle ; et qu'enfin, s'inspirant sans cesse dans ses actes de cette devise : *Tout par la science et pour l'humanité*, elle léguera à ses enfants une œuvre de progrès largement commencée.

Ce livre est divisé en deux parties.

La première traite du *spiritualisme*, des objections qu'on peut lui adresser et des contradictions qu'il renferme. Elle vise surtout le spiritualisme *religieux*, comme étant non-seulement la doctrine philosophique la plus répandue aujourd'hui parmi nous, mais encore l'aboutissant, en quelque sorte fatal, de tous les autres systèmes spiritualistes qui, croyant se faire mieux accepter en écartant l'idée religieuse, sont forcés d'y revenir plus ou moins, sous peine de tomber dans les non-sens et les extravagances.

La seconde partie expose les principes sur lesquels est fondé le *matérialisme scientifique* et les conséquences logiques qui en découlent. Elle se termine par un chapitre sur la morale matérialiste qui est la conclusion à la fois de cette partie et de l'ouvrage tout entier.

Dr F. ISNARD.

Saint-Amand, le 17 novembre 1878.

SPIRITUALISME

ET

MATÉRIALISME.

Tout par la science et pour l'humanité.

Posons d'abord nettement la question :

Qu'est-ce que le spiritualisme ?

Qu'est-ce que le matérialisme ?

Pour les spiritualistes, un Être *éternel*, c'est-à-dire n'ayant ni commencement ni fin, *immatériel*, c'est-à-dire ne pouvant tomber sous aucun de nos sens, inaccessible à tout examen et d'une nature telle que les phénomènes subtils d'électricité, de lumière, etc., sont insuffisants même à nous en donner une idée ; un Être réunissant en lui toutes les perfections possibles, science, justice, bonté, puissance, etc., etc.; un Être surnaturel enfin, a *créé* l'univers, c'est-à-dire de rien a fait les mondes matériels qu'il a soumis à des *lois immuables*.

En ce qui nous concerne plus particulièrement, il a créé la terre, puis les organismes qui la recouvrent, végétaux et animaux, et enfin l'homme.

Cet Être supérieur, appelé aussi *Dieu* ou *Providence*, a édifié son œuvre selon un plan intelligemment conçu, la dirige vers une *fin*, un but déterminé et veille constamment sur elle.

Il a donné à l'homme, à sa naissance, une *âme*, c'est-à-dire une partie immatérielle comme sa propre essence et immortelle comme elle, une émanation, en quelque sorte, de lui-même. Cette âme est destinée non-seulement à régir ses fonctions organiques, à le faire vivre, digérer, respirer, marcher, etc. (en cela elle ne diffère pas du principe immatériel existant chez les animaux), mais encore à diriger sa vie intellectuelle et surtout sa vie morale, à lui donner les moyens de discerner le bien du mal, de pratiquer l'un et d'éviter l'autre. Dans ce dernier cas, on l'appelle aussi *conscience*.

Enfin, après la mort, et tandis que son corps matériel retourne en poussière, l'homme, grâce à son âme immortelle, va recevoir dans une *vie future*, les récompenses ou les châtiments que lui ont valus ses actes d'ici-bas.

Voilà le spiritualisme religieux, dans ce qu'il renferme de plus essentiel.

Pour le matérialiste, la matière n'a point été créée. Elle est *éternelle*, ce qui signifie qu'elle a existé de tout temps et qu'elle n'aura pas de fin.

Elle possède des *propriétés* à elle inhérentes, immuables, toujours identiques aussi bien dans le monde inorganique que dans le monde organisé, pourvu que les circonstances dans lesquelles on l'étudie restent les mêmes.

Elle se transforme continuellement sous l'influence de causes physiques et de réactions chimiques incessantes, mais sans jamais s'anéantir. Aussi loin que notre esprit peut la concevoir en remontant dans le passé, nous nous la figurons fluide, se mouvant dans l'espace, se modifiant dans son aspect et dans son arrangement moléculaire et se divisant en mondes innombrables.

Quant à notre planète, dès qu'elle a été isolée des autres corps célestes, la science nous la représente d'abord gazeuse, puis liquide incandescente, puis de plus en plus solide à mesure qu'elle perd de son calorique. Jusque-là, c'est la matière brute, minérale, inorganique. Aucun être ne peut vivre dans ces températures excessivement hautes.

La terre continuant à se refroidir, la *vie* est devenue possible à sa surface. Alors, sous l'influence de conditions météorologiques plus puissantes que celles d'aujourd'hui, par l'effet des propriétés physiques et chimiques particulières à la matière, une ébauche d'organisation, des organismes rudimentaires se sont formés *spontanément*.

Puis, ces organismes, se modifiant et se développant de plus en plus, ont donné naissance, à travers d'immenses séries de siècles, à des êtres de plus en plus perfectionnés. Cette *évolution transformiste* lente, continue et progressive a abouti à l'homme, le dernier et en même temps le plus élevé des êtres apparus jusqu'à ce jour.

D'après la doctrine matérialiste, l'homme n'est donc pas d'une nature différente de celle de l'animalité. Il est plus parfait; il occupe le sommet de l'échelle zoologique : voilà tout. Ses fonctions sont, comme celles des autres animaux, le résultat du jeu de ses organes et des réactions chimiques qui s'opèrent dans leur trame. Ce que les spiritualistes appellent son *âme* n'est point quelque chose de particulier et dont l'aurait animé un être supérieur placé en dehors de lui : c'est, comme chez les animaux, une fonction, mais une fonction d'un ordre plus relevé, dérivant d'organes plus perfectionnés.

Ainsi, l'âme humaine n'est point considérée comme une partie distincte de notre matière. Elle est un des attributs de cette matière et le résultat de notre fonctionnement organique. Par conséquent, elle doit finir avec les conditions de vie de nos organes, de celui surtout qui est le plus nécessaire à ses manifestations, je veux dire de l'encéphale.

Dès lors, pas d'immortalité de l'âme ni de vie future dans le sens propre qu'on attache à ces mots. Pas d'âme survivant à notre corps. Simple désagrégation des éléments matériels de ce dernier qui vont, en s'associant de mille autres façons, concourir à la formation de nouveaux corps, organiques ou inorganiques.

Si l'intelligence et la pensée (autres appellations de l'âme) ne sont que des fonctions cérébrales, il suit de là que nos actes ne doivent pas être libres : ils seront toujours liés au mécanisme du cerveau et déterminés par l'état où se trouve cet organe au moment de leur accomplissement. Le matérialiste, en effet, rejette le *libre arbitre*. Dès lors aussi, pas de mérite ni de démérite de nos actes; pas de récompenses ni de punitions.

Tel est le matérialisme scientifique.

SPIRITUALISME.

———

I.

IDÉE DE DIEU.

1⁰ Un Être immatériel et éternel, un esprit qui remplit tout l'univers et qui cependant ne peut tomber sous aucun de nos sens directement ou indirectement, qui voit tout, qui peut tout, qui est la bonté, la science, la justice infinies, etc., etc., c'est là peut-être une belle conception de l'imagination ; mais cette conception, à coup sûr, n'a rien de scientifique. Notre raison ne peut donc l'accepter.

Nous pouvons bien, par leurs effets, nous rendre compte de l'existence de la lumière, de l'électricité ou du magnétisme qui, eux aussi, remplissent l'univers. Si l'électricité, le plus souvent, n'est pas appréciable à nos sens, elle peut le devenir : nos instruments ont pu la recueillir et la mesurer, nous la montrer sous forme d'étincelle ou nous la manifester par des commotions. Bien plus, l'électricité émane toujours d'un corps et il nous est impossible de la concevoir sans l'existence du corps qui la renferme.

Différente est l'idée de Dieu, telle qu'on essaie de nous l'inculquer. C'est une pure abstraction métaphysique.

2° A cet Être immatériel a été dévolue la puissance de créer, c'est-à-dire de faire de rien quelque chose, de tirer les mondes du néant.

Nous voyons bien chaque jour un ouvrier transformer un objet en un autre, le créer dans le sens figuré; nous le voyons faire de l'alcool avec du sucre, du papier avec des chiffons ou du bois, un vase avec de l'argile, etc.; nous voyons bien la feuille sortir du bourgeon ou le fruit de la fleur, mais ce ne sont là que des transformations ou des métamorphoses. Le nouveau produit n'est qu'un nouvel arrangement des molécules de la matière. Aucune des molécules de ce corps dérivé n'a été créée, au sens propre du mot; chacune d'elles a été seulement tirée d'un ou de plusieurs autres corps producteurs. Il y a donc bien loin de cela

à la Création proprement dite des mondes,
c'est-à-dire à l'acte qui les fait surgir magiquement du néant. Notre esprit scientifique ne
peut cette fois encore s'accommoder de pareilles
fictions de l'imagination. Il rejette la création
de la matière.

3° Et si Dieu est éternel, c'est-à-dire s'il n'a
jamais eu de commencement; s'il a créé les
mondes, c'est-à-dire si les mondes ont eu un
commencement, comment comprendre l'attitude de ce Dieu avant l'heure de la Création et
comment concilier cette attitude avec les
attributs dont on le gratifie? Comment concevoir qu'à un moment donné dans le temps,
il ait songé à créer l'univers? Eu égard à
l'éternité, la date de la Création (quand même
nous la reculerions de plusieurs milliers de
siècles) est toute récente; eh bien! qu'a fait
Dieu jusque-là pendant ces temps incommensurables? Admettez-vous qu'il soit resté inactif?
Mais alors toutes les facultés, tous les attributs
que vous lui accordez, puissance, bonté,
justice infinies, etc., à quoi servaient-ils? Le
rôle négatif qu'on fait ainsi jouer à Dieu avant
la Création n'est donc pas rationnel. Tout au
plus, pourrait-on concevoir l'éternité de la
matière liée à l'éternité de Dieu, comme

l'admettait le dualisme philosophique des Anciens ; mais alors, dans cette hypothèse, Dieu n'aurait pas créé les mondes, il ne serait pas Créateur, ce qui est le renversement de la doctrine spiritualiste (1).

Ainsi, notre raison ne peut se faire une juste idée du moment de la Création.

Et sur la question de l'origine des êtres organisés, sera-t-elle plus satisfaite des explications que nous donne le spiritualisme ? C'est ce que nous allons étudier.

---

(1) Le lecteur ne doit pas oublier que c'est le spiritualisme religieux que nous avons surtout en vue dans cette étude.

II.

CRÉATION DES ÊTRES ORGANISÉS OU VIVANTS.

Passons en revue les différentes hypothèses émises par nos adversaires sur la *création* des êtres vivants.

Une question préliminaire se présente : les végétaux et les animaux ont-ils été créés de toutes pièces, à l'état d'entier développement, comme le veulent certains spiritualistes ? La fougère et le chêne, par exemple, ont-ils été créés complètement formés et tout grands, le poisson apte à nager, l'oiseau à voler, le premier homme dans la plénitude de ses forces et attendant sa compagne ? Ou bien, selon d'autres, Dieu n'a-t-il créé que des germes organiques destinés à une évolution ultérieure ? Que le lecteur juge s'il peut accepter l'une ou l'autre de ces deux conceptions. Pour nous, nous les rejetons toutes deux, comme étant également du domaine du surnaturel et ne s'accordant pas avec l'enseignement de l'expérience et de la science.

a. — Dans une première hypothèse que je me

borne à mentionner, Dieu, en même temps qu'il créait la terre, y déposait les germes de tous les êtres organisés. Mais on oublie que la terre a passé par une période incandescente où la vie était impossible, où tout germe vivant eût trouvé fatalement sa destruction.

b. — La deuxième hypothèse est celle de la *création simultanée*. Dieu aurait attendu que notre planète suffisamment refroidie fût apte à recevoir les êtres et, à ce moment, il les y aurait placés tous en même temps.

Mais la science a prouvé que les organismes ne se sont montrés que successivement sur le globe; que les végétaux ont dû précéder les animaux, et que les êtres les plus rudimentaires ont apparu les premiers pour être suivis d'autres de plus en plus perfectionnés. Elle a démontré péremptoirement que l'apparition de l'homme n'a eu lieu qu'après celle de tous les grands mammifères connus, et qu'elle est toute récente, eu égard au nombre prodigieux de siècles qui se sont écoulés depuis que la vie s'est manifestée sur la terre.

c. — Ne pouvant adopter la création simultanée que la science réfute, des spiritualistes ont émis l'hypothèse dite des *créations successives*; c'est-à-dire qu'à des périodes éloignées les unes des autres, Dieu, quand il l'a jugé opportun, est intervenu directement et à différentes fois et a déposé sur notre planète des êtres de mieux en mieux organisés. Bien plus, à chacune de ses interventions, il ne se contentait pas de créer une flore et une faune nouvelles, mais anéantissant en totalité ou en partie son œuvre précédente, il commandait l'extinction de végétaux et d'animaux qu'il avait créés dans une période antérieure. Son dernier ouvrage, et le plus parfait jusqu'ici, est l'homme, dont l'apparition sur la terre remonte, d'après la tradition, à 6000 ans environ (selon la science, à une époque beaucoup plus reculée).

Pour accepter cette hypothèse, il faut admettre le surnaturel, c'est-à-dire la négation de toute science, dans sa plus complète expression. Il faut admettre, en effet, l'intervention directe et périodique de la Divinité faisant surgir, quand il lui plaît, et d'une manière magique, les êtres qu'elle destine à la vie ; et, comme on compte par milliers les espèces organiques qui ont apparu successivement, nous devons également compter par milliers les interventions de Dieu sur le globe. Il faut admettre encore, par exemple, qu'à côté d'un mastodonte né suivant les lois naturelles de la génération, il se soit rencontré un beau jour un cheval et une cavale ou tout autre couple d'un mammifère quelconque (car c'est par couple que la création doit être comprise), poussés d'emblée, sans avoir suivi les phases génésiques de fécondation et de gestation qui président actuellement à la naissance d'animaux semblables. Par conséquent, cette intervention d'une puissance surnaturelle nous donne le droit de penser que la terre, à un certain moment, sera dotée d'êtres nouveaux par le même procédé, et que, dans un temps plus ou moins éloigné, à notre réveil ou dans une de nos promenades, nous pourrons constater l'éclosion miraculeuse d'un organisme inconnu jusque-là et sans doute supérieur à l'homme actuel.

Cette hypothèse a encore contre elle ce fait qu'on ne peut expliquer et qui est en contradiction avec l'omniscience du Créateur, à savoir qu'à chaque intervention périodique, Dieu se déjugeant, pour ainsi dire, anéantit quelqu'une de ses créations antérieures.

Point n'est besoin de si grands frais d'imagination pour expliquer l'origine et la fin des races organiques sur la terre. Il est probable que les choses se sont passées autrefois comme elles se passent aujourd'hui ; que les êtres ont apparu progressivement, par suite de transformations successives chez leurs ancêtres, comme ils ont disparu lentement, par l'effet du temps et des mille circonstances qui ont commandé impérieusement et fatalement leur extinction, et cela sans secousse ni cataclysme. D'ailleurs, la théorie des grandes révolutions du globe (détruisant une flore et une faune anciennes, lesquelles auraient cédé la place à de nouvelles) n'a plus aujourd'hui que très-peu de partisans.

Suivons attentivement, en effet, ce qui a lieu actuellement et se déroule en quelque sorte sous nos yeux. La science ethnologique ne constate-t-elle pas que certaines races humaines inférieures de l'Océanie marchent chaque année vers leur anéantissement? N'est-il pas manifeste que la faune de l'Australie tend à disparaître devant l'immigration européenne? N'est-ce point un fait avéré que les rennes, si prodigieusement répandus à une certaine période de l'époque quaternaire, désignée pour cela *l'âge du renne*, sont bien moins nombreux maintenant? et que l'aurochs, si abondant jadis, ne compte plus que quelques représentants confinés dans les forêts de la Lithuanie et devenant plus rares de jour en jour? Est-il besoin de supposer un cataclysme pour expliquer la fin de ces espèces animales dont nos enfants seront témoins dans un temps prochain? Eh bien! les choses d'aujourd'hui ne sont que l'image des choses d'autrefois, et les races anciennes ont disparu graduellement et naturellement devant l'invasion progressive de races mieux douées.

De même, pour comprendre l'origine des races organiques nouvelles est-il bien nécessaire d'invoquer l'intervention miraculeuse d'un Dieu? J'exposerai plus loin les bases scientifiques sur lesquelles est établi le transformisme qui résout le problème de cette origine. Mais dès à présent, citons quelques exemples qui donneront une idée de leur formation toute naturelle.

Nierez-vous que l'éléphant actuel dérive de l'éléphant méridional de l'époque tertiaire et notre cheval solipède de l'ancien anchitérion triungulé? que le cerf et l'ours de nos jours descendent du cerf à grandes cornes et de l'ours des cavernes, espèces antédiluviennes complètement éteintes? L'étude comparative des modifications que leurs squelettes et ceux de leurs rejetons intermédiaires ont subies aux différentes époques géologiques ôte toute incertitude à cet égard.

Doutez-vous un instant que les nombreuses races actuelles de chiens ne proviennent d'un ancêtre commun? Et cependant quelle diversité!

Le terre-neuve, le lévrier, le dogue, l'épagneul et cent autres sont si dissemblables entre eux qu'ils paraissent ne point appartenir à la même famille. Si vous voulez rester fidèles à votre hypothèse de l'intervention directe et répétée de Dieu dans les créations organiques, vous devez admettre qu'il nous a successivement et séparément donné le terre-neuve, le lévrier, l'épagneul, etc.

Et le bœuf Durham, et le mérinos Mauchamp, et les mille races nouvelles d'animaux domestiques dont les formes sont si différentes de celles de leurs premiers parents! et ces nombreuses variétés de roses superbes, manifestement dérivées de la modeste églantine! direz-vous que Dieu les a créés de toutes pièces quand vous voyez les éleveurs et les horticulteurs les obtenir par les procédés de la sélection artificielle?

Nous connaissons votre objection : les modifications naturelles donnent naissance à des variétés et non à des espèces organiques. Mais, répondrons-nous, où est la ligne de démarcation entre la variété et l'espèce? Les découvertes et les travaux modernes ne tendent-ils pas chaque jour à effacer cette barrière arbitraire qui est le fait de l'homme et non celui de la nature, et à nous démontrer la transformation réelle des espèces les unes dans les autres?

Conclusion : L'hypothèse des créations successives est inadmissible.

d. — L'hypothèse précédente ayant paru invraisemblable, on a alors imaginé que Dieu avait placé dans les vastes espaces interplanétaires tous les germes organiques, errants et prêts à se déposer sur les différentes planètes qu'ils rencontreraient préparées à les recevoir.

Dans ce cas, comment admettre que, pendant des millions de siècles, des germes se soient mus, sans y périr, dans des espaces d'une température aussi basse ? que les germes des mammifères, de l'homme par exemple, qui, pour vivre, demandent des conditions particulières des milieux ambiants et une attache au placenta maternel, aient pu se maintenir si longtemps sans s'altérer, attendant le moment propice de s'arrêter sur la terre ?

C'est là une conception qu'aucun fait ne vient appuyer.

e. — Enfin une dernière hypothèse spiritualiste de la Création admet que Dieu a créé au début, et dès que la terre a pu le recevoir, un type de chaque végétal et de chaque animal, lequel type serait devenu par transformisme la souche de tous les êtres vivant actuellement, y compris l'homme. Cette hypothèse a essayé d'accorder la tradition avec les faits acquis de la théorie moderne de l'évolution.

D'après elle, Dieu a d'abord créé, par exemple, un type de chaque famille de poissons, de chaque famille d'oiseaux ou de mammifères ; et ces types se modifiant et se perfectionnant à travers les âges, suivant les lois admises de la sélection naturelle, auraient donné naissance à toutes les variétés et espèces organiques connues. Selon cette manière de voir, il n'est pas nécessaire que Dieu ait créé l'homme au début : celui-ci a apparu, à son heure, par voie de transformisme, c'est-à-dire de descendance d'animaux moins parfaits.

Cette théorie, qui accepte la création simultanée d'êtres supérieurs et d'êtres inférieurs, est en contradiction avec ce fait scientifique déjà énoncé, à savoir que les organismes n'ont apparu que successivement sur le globe, les plus simples les premiers, les autres ensuite.

Reste l'hypothèse matérialiste de l'évolution, la seule rationnelle. Nous la développerons dans la deuxième partie de ce travail.

III.

IMMUTABILITÉ DES LOIS DE LA NATURE.

Dieu, disent les spiritualistes, a établi dans la nature des *lois immuables*. (C'est ce que nous appelons, dans un langage plus positif, les forces de la matière.)

De deux choses l'une : ou il peut réviser ces lois, ou il ne le peut pas.

S'il ne le peut pas, comme le veulent les déistes, il reste le spectateur passif de son ouvrage ; son rôle s'est borné à la Création. Il ne s'occupe plus de son œuvre qui marche, malgré lui et en dehors de lui, selon les lois immuables qu'il a établies. Dans cette supposition, Dieu devient tout à fait inutile.

Ou bien il peut modifier à son gré les lois qu'il a faites. Dès lors, ces lois ne sont plus immuables et nous sommes forcés d'admettre le surnaturel et les miracles. D'après cette hypothèse, Dieu, qui voit tout et entend tout, surveille son œuvre, la dirige jusque dans ses plus petits détails, peut intervenir quand bon lui semble, se laisser ou non toucher par des prières, avoir des intermédiaires entre lui et nous, etc. C'est la doctrine des catholiques et, il faut l'avouer, elle est plus logique que celle des déistes. Mais voici à quelles autres conclusions elle mène : si Dieu règle tout, il doit régler les grandes comme les petites choses. Il doit présider aussi bien à la révolution des astres qu'à la direction que prend la fumée de mon cigare : ce sont, l'une et l'autre, des phénomènes naturels. Il régit aussi bien la marche des sociétés qu'il commande l'heure de mon lever et de mon coucher, etc.

Pour échapper à ces absurdités on nous dit : Mais Dieu ne gouverne que les grands événements de ce monde ; peu lui importe, par exemple, qu'en franchissant le seuil de votre porte vous glissiez et vous vous cassiez la jambe ; par contre, il règle la destinée des empires.

Mais quoi ! comment établirez-vous, en ce qui regarde Dieu, la limite entre les grandes et les petites choses ? entre les grands Royaumes et les petits États ? Dieu s'occupera-t-il plus de la destinée des empires Chinois ou Russe que de celle de la Belgique ou de la principauté de Monaco ? Veillera-t-il sur les habitants d'une province, tandis qu'il ne prendra aucun souci d'un mineur qu'un éboulement va ensevelir ou d'un passant qu'une tuile peut tuer dans la rue? Pour être logique, il faut admettre que Dieu voit tout et régit tout, même les choses les plus minimes et les plus insignifiantes de ce monde et de notre existence, la poussière qui vole, la pluie qui tombe, notre bonne ou notre mauvaise digestion, etc., etc., et nous arrivons alors aux conclusions les plus ridicules.

Bien plus, une autre conséquence de cette hypothèse est la négation du libre arbitre. Si Dieu, en effet, est la Toute-Puissance et l'Omniscience; s'il commande nos actes, ceux-ci ne peuvent être libres. Et si vous voulez admettre que nos actes soient libres, Dieu n'est pas omniscient, ne pouvant connaître d'avance l'acte que nous allons accomplir. Cette hypothèse met donc en contradiction le libre arbitre de l'homme et l'omniscience de Dieu, deux bases du spiritualisme.

IV.

Dieu, nous dit-on encore, a édifié son œuvre selon un plan intelligemment conçu et dans un but déterminé. Sa sagesse infinie préside à l'ordre des choses dans l'univers : tout y a été créé et ordonné en vue d'une fin, tout a sa raison d'être et d'être tel qu'il est constitué.

C'est la théorie des *causes finales*, enseignée par le spiritualisme religieux. Il nous sera facile de la renverser.

Regardez, s'écrie-t-on, cette harmonie dans la course des astres ! Voyez la terre, tournant sur elle-même et autour du soleil avec une constante régularité, amener l'alternance des jours et des nuits et la périodicité des saisons ! Voyez ces saisons nous apporter leurs variétés de fleurs et de fruits, la pluie et la rosée rafraîchir les plantes, le soleil mûrir les moissons, etc. !

Admirez la structure des animaux parfaitement adaptée au milieu dans lequel ils doivent vivre, celle des poissons facilitant leurs mouvements dans l'eau, celle des oiseaux leur ascension dans l'air! Voyez comme la Providence a couvert d'une épaisse fourrure l'animal des pays froids, et d'un léger manteau celui des zônes torrides, etc. !

Etudiez l'anatomie de l'homme et le jeu de ses organes, etc. Comme tout y est approprié à la fonction! Comme toute chose y remplit le but auquel elle est destinée! Comme l'œil est parfaitement conformé pour la vue, l'oreille pour l'ouïe, le pied pour la marche, la main pour la préhension des objets, etc.!

On ne tarirait pas sur le chapitre des merveilles de la nature.

Certainement la stabilité des propriétés de la matière, la relation fatale et constante de l'antécédent et du conséquent, des mêmes causes et des mêmes effets, nous font assister au spectacle de phénomènes réguliers, souvent grandioses et splendides. Nous admirons l'azur des cieux et des mers, les effets de soleil levant ou couchant, le flux et le reflux de l'Océan ; nous admirons les glaciers des hautes montagnes, les mille couleurs des fleurs, la verdure des champs, etc. Mais, pour peu que nous réfléchissions, nous devons voir dans ces phénomènes le résultat nécessaire des forces naturelles, physiques ou chimiques, et non l'œuvre d'une sagesse supérieure qui a voulu les offrir à notre contemplation ou les faire servir à nos besoins.

En effet, et tout d'abord, si ces beautés que vous nous vantez avaient été créées pour l'homme, comment expliquer que Dieu ait laissé pendant des myriades de siècles la terre incandescente, impropre à toute vie, et par conséquent, dépourvue de toutes ces merveilles ? Comment expliquer que celles-ci aient existé si longtemps avant l'apparition du premier homme ? Car le soleil a éclairé le monde ; il a fait éclore les fleurs et a mûri les fruits bien avant que l'espèce humaine ait pu les admirer ou les utiliser. Depuis des millions d'années, des spectacles ravissants se déroulent au fond des mers sans que l'homme s'en soit jamais douté. Quelle flore et quelle faune sous-marines la cloche à plongeur n'a-t-elle pas révélées !

Mais ce n'est pas tout. Voyons si ces merveilles annoncent réellement une intelligence supérieure qui les a créées dans un but utile et déterminé ; cherchons si tout, dans la nature, est aussi bien fait qu'on veut le dire ou qu'on aime à se le persuader.

La terre, en tournant sur son axe, produit

les jours et les nuits. Les nuits sont-elles nécessaires? Si elles ne le sont point, pourquoi Dieu ne nous a-t-il pas donné un jour sans fin? Si elles le sont, pourquoi les pôles reçoivent-ils la lumière solaire pendant six mois consécutifs de l'année? et pourquoi la lune vient-elle nous éclairer durant une grande partie du mois?

La terre encore, en parcourant autour du soleil cette orbite régulière que nous admirons, amène cette alternance non moins régulière et admirable des saisons. Mais pourquoi, se demande-t-on, le plan de l'écliptique ne se confond-il pas avec le plan de l'équateur terrestre? Un point quelconque de la terre aurait ainsi toujours la même température : un éternel printemps règnerait dans les zônes tempérées, un hiver éternel dans les climats des pôles, et chaque homme pourrait ainsi choisir, pour l'habiter, l'endroit du globe le plus conforme à son impressionnabilité : la durée du jour serait partout égale à celle de la nuit et l'on n'aurait pas une région polaire plongée six mois dans l'obscurité.

Que s'il est nécessaire que le plan de l'équateur soit incliné d'un certain nombre de degrés sur le plan de l'écliptique, pourquoi cette inclinaison varie-t-elle chez les différentes planètes ? Pourquoi, par exemple, est-elle de 23° pour la Terre, et pour Mars mieux partagé, de 1°,5 seulement ?

Et si les saisons sont faites pour nous apporter périodiquement une succession de fruits variés, pourquoi certaines zônes n'en produisent-elles à aucune époque de l'année ? Pourquoi nos régions tempérées n'en ont-elles pas en hiver ? Ne serait-il pas préférable encore que l'homme trouvât tous les fruits réunis sur chacun des points qu'il habite sur le globe ?

Et le soleil lui-même, qui est la véritable source de vie sur la terre, devons-nous le considérer comme un bienfait de la Divinité ? La science prévoit le moment, éloigné, il est vrai, où, cet astre se refroidissant, la vie s'éteindra sur notre planète; direz-vous, dans cette hypothèse, qu'il est l'œuvre d'une Providence bienfaisante ?

Pourquoi la grêle qui vient nous détruire une moisson si laborieusement préparée ? les inondations qui ravagent et submergent des contrées immenses ? Pourquoi la foudre qui nous tue ? les éruptions volcaniques, les tremblements de terre qui renversent ou ensevelissent des villes entières ? Pour être conséquents avec vous-mêmes, vous devriez admirer et vanter ces fléaux et ces catastrophes qui ne sont que des phénomènes naturels au même titre que l'azur des mers, les glaciers ou le rayonnement solaire.

Pourquoi les animaux nuisibles, cette création qui a embarrassé toutes les théologies, forcées, pour l'expliquer, d'en faire une œuvre du démon destinée à punir les méchants? Les animaux nuisibles existaient cependant sur la terre bien avant les méchants. D'autres nous disent que l'homme pourra un jour en tirer profit. Soit. Mais alors pourquoi votre Providence ne nous apprend-elle pas immédiatement la manière de les utiliser, et les a-t-elle laissés durant un si grand nombre de siècles faire notre tourment?

Admirez, nous dites-vous, la Providence qui a donné à l'oiseau des ailes, au cerf des jambes agiles afin qu'ils puissent se soustraire à la poursuite de leurs ennemis ou des chasseurs! Pourquoi alors a-t-elle refusé les mêmes avantages au bœuf, au mouton et à mille autres qui en ont un besoin plus grand? Si le but des ailes de l'oiseau ou des jambes du cerf est un but de conservation, Dieu n'aurait pas dû permettre que ces animaux soient frappés dans leur vol ou dans leur course ou surpris par la ruse. Et quand nous voyons ces animaux légers devenir la proie d'adversaires plus puissants, nous sommes en droit de dire que le prétendu but providentiel n'est point atteint ou plutôt qu'il n'existe pas.

Et pourquoi l'homme, réputé le chef-d'œuvre de la création, n'est-il pas plus parfait encore? Pourquoi n'a-t-il pas trois ou quatre yeux au lieu de deux? Pourquoi n'a-t-il point les ailes de l'oiseau ou l'agilité du cerf? Pourquoi son existence n'est-elle pas plus longue? Pourquoi ne vit-il pas uniquement de l'air qu'il respire et est-il forcé de chercher péniblement ses moyens de subsistance? etc., etc. Nous n'en finirions pas avec nos *pourquoi*. Nous pouvons nous figurer l'homme assurément mieux constitué qu'il ne l'est en réalité, et nous avons lieu de nous étonner alors que la puissance infinie l'ait créé si imparfait?

On nous cite sans cesse la perfection de la structure de l'œil humain. Une chose me surprend tout d'abord : c'est que la Providence n'ait pas accordé le même perfectionnement de l'organe visuel à des animaux inférieurs qui en auraient besoin, au moins autant que l'homme, pour reconnaître leurs ennemis et pouvoir leur échapper. Mais passons. L'œil est merveilleusement conformé; j'en conviens. Vous admirez en lui le travail d'un Être supérieur.

Pour nous, il est simplement un organe qui, d'abord fort incomplet, s'est de plus en plus développé, dans la série zoologique ascendante, sous l'influence des excitants extérieurs, des milieux ambiants, de l'habitude, de l'exercice, de l'adaptation, etc. Au lieu de considérer, avec les finalistes, les organes comme formés en vue d'une fonction, nous croyons, au contraire, que c'est la fonction qui engendre l'organe, et que celui-ci ne se perfectionne qu'au fur et à mesure que la fonction prend plus d'activité. Cette théorie a été clairement exposée par L. Dumont dans son essai *Sur l'habitude*. En voici le résumé : « Supposons, dit-il, une masse vivante homogène ; un point de cette masse reçoit de l'extérieur l'action d'une force quelconque, d'un rayon lumineux, par exemple. Ce rayon lumineux est une force qui, après avoir *modifié un point de la surface de la masse*, communique son mouvement à une certaine partie de son intérieur jusqu'à ce qu'il se trouve épuisé dans sa distribution. Ce dérangement d'un certain nombre de molécules produit une différenciation dans la masse vivante : c'est une *fonction ;* dans le cas actuel, c'est un *commencement de vision*, c'est-à-dire de sensibilité à la lumière. Une fois l'excitation passée, les molécules dérangées sont sollicitées

par leurs voisines à revenir à leur état primitif ;
cependant elles conservent quelques traces de
la modification qu'elles ont subie ; cette manière
d'être qui reste permanente et survit à l'excitation constitue une habitude ou un *organe* ;
dans le cas actuel, c'est le commencement d'un
nerf optique, ou d'un *œil*. Ce point de la surface,
modifiée par le rayon lumineux, devient plus
particulièrement sensible à l'action de la lumière ;
en raison de ce qu'il conserve de la modification primitivement reçue, il suffit désormais
d'une excitation moindre, d'un moindre supplé-
ment de force pour reproduire la même sensation. Plus tard, les différences de couleur, les
différences de direction et d'intensité des rayons
lumineux, produiront des différenciations
nouvelles qui *s'accumuleront*, et avec l'aide de
l'hérédité et de la sélection naturelle, donneront naissance à ces appareils de vision si
sensibles, si différenciés et par conséquent si
complexes que nous admirons dans les degrés
les plus élevés de l'échelle zoologique (1). »

Dans quel but Dieu fait-il naître celui-ci
aveugle, celui-là sourd, cet autre idiot ?
Pourquoi les monstruosités physiques ? les

____

(1) L. Dumont. — *Revue Scientifique*, N° du 30 septembre
1876, page 318.

frères Siamois ou Milly-Christine? Pourquoi les acéphales? Et comment comprendre que la Providence puisse créer des êtres auxquels elle refuse la possibilité de vivre?

Pourquoi reste-t-il cloué sur un lit de douleur, pendant des années entières, ce malheureux qui réclame vainement sa guérison?

Pourquoi les épidémies? le choléra, le typhus, la peste, etc.? Sont-ils un châtiment du Ciel? Mais cette interprétation s'accorde mal avec le dogme des punitions futures. Sont-ils un moyen d'arrêter le trop rapide accroissement de la population sur le globe? Certes, nous n'en sommes pas encore là.... Je ne vois rien en ces fléaux qui annonce le dessein, le but d'une intelligence et surtout d'une bonté infinies.

Si du monde physique nous passons au monde moral, nous y reconnaîtrons bien moins encore l'intervention d'une Providence qui veille sur l'humanité.

Pourquoi Dieu arrache-t-il aux prières d'une mère un fils, son unique soutien, sa seule consolation?

Est-ce avec intention qu'il permet ces erreurs judiciaires qui envoient un innocent à l'échafaud?

Pourquoi fait-il mourir prématurément un Hoche et laisse-t-il vivre un Bonaparte?

Quelle est la fin providentielle de l'esclavage, de l'oppression , etc.?

Pourquoi les guerres extérieures? et les guerres intestines où des frères s'égorgent entre eux?

Pourquoi ces efforts continus et stériles d'une nation qui cherche la liberté, l'indépendance, la fraternité et le bien-être? Pourquoi ce but idéal de justice auquel tend l'humanité fuit-il sans cesse devant elle?

Au spectacle de toutes nos misères et de ces abominations sociales, il est impossible de croire qu'un Être supérieur prenne soin de nous et que tout soit pour le mieux dans le monde.

Quelques exemples vont nous faire comprendre plus aisément combien est peu rationnelle cette théorie des causes finales, et combien il est futile d'attribuer à une Providence le bien que nous voyons dans la nature, tandis qu'un simple hasard, un léger incident peuvent changer ce bien en mal.

Voici un fleuve magnifique qui, dans son cours long et sinueux, tantôt fertilise les contrées qu'il arrose, tantôt alimente des villes ou fait marcher des usines ; qui, ici, présente à nos regards charmés de merveilleuses cataractes ; qui, là, est assez profond pour permettre à la navigation les bienfaisants échanges du commerce et de la civilisation. Eh bien ! nous est-il jamais venu à l'idée d'admettre qu'une intelligence supérieure ait tracé le cours si utile et si fertilisant de ce fleuve ? Certes non. Ce fleuve, d'après les propriétés inhérentes à la matière et les lois connues de la pesanteur, a pris sa route du côté où il a rencontré le moins d'obstacles, a produit des chûtes sur les terrains où se trouvaient de grandes différences de niveaux, s'est creusé un lit profond et est devenu navigable là où le sol a été plus facile à délayer et à entraîner. Et dans toute cette évolution il a simplement obéi aux lois de la physique. Supposons un moment que ce fleuve, vers sa naissance, rencontre une barrière quelconque, que l'éboulement accidentel d'un rocher remplisse son lit, et voilà son cours si bienfaisant bouleversé. Au lieu de fertiliser les campagnes, il les inondera et les détruira ; au lieu d'être une source de richesses, il sera une cause de ruines et de désolation.

Il n'est donc pas logique de penser que tout dans l'univers, même ce qui est le plus admirable et le plus avantageux, soit l'œuvre d'une intelligence supérieure qui l'a fait à dessein tel que nous le voyons. Toutes choses, au contraire, sont la conséquence de lois fixes naturelles ; et dans l'enchaînement successif des phénomènes, les effets, devenant causes à leur tour, engendrent inflexiblement et fatalement les faits et les résultats que nous observons, grands ou petits, utiles ou nuisibles.

Dans l'évolution animale de l'homme et à son origine, qui ne comprend qu'un rien eût suffi pour modifier sa forme? Quelques conditions physiques autres que celles qui ont prévalu alors, un milieu plus humide ou plus sec, une anomalie, une monstruosité quelconque chez nos premiers parents, etc., eussent été suffisants pour imprimer à la morphologie humaine un type différent de celui qu'elle revêt aujourd'hui.

Et dans le cours ordinaire de nos existences, n'est-il pas vrai qu'une maladie de l'enfance, une convulsion, une chûte, un accident léger fassent souvent un idiot ou un homme cruel d'un être qui eût pu devenir utile à ses semblables?

Et dans le développement des nations et des sociétés, nierez-vous qu'une simple éventualité, un souverain plutôt qu'un autre, tel premier ministre, tel capitaine plutôt que tel autre, une guerre, une famine, etc., etc., soient capables d'arrêter, d'avancer ou de faire dévier la civilisation? Certainement non.

Ainsi, dans la nature, aussi bien dans le

monde cosmique que dans le monde moral,
tout est soumis à des principes immuables
que nulle puissance étrangère, supérieure ou
extra-terrestre n'a le privilége de changer, de
suspendre ou de supprimer. Ici encore, le
matérialisme satisfait notre raison bien mieux
que le spiritualisme.

V.

A M E.

Combien d'objections n'avons-nous pas à adresser aux spiritualistes sur l'idée qu'ils se font de l'âme !

Qu'appellent-ils *âme?*

Pour les uns, c'est la force immatérielle qui régit tous les phénomènes de la vie , aussi bien les actes organiques que les actes intellectuels et moraux , c'est-à-dire la vie proprement dite, la pensée et la conscience.

Pour les autres , l'âme ne préside qu'aux phénomènes intellectuels et moraux. Un second principe également immatériel, identique chez les animaux et chez l'homme , sous le nom de *principe vital* ou *force vitale* , régirait les fonctions organiques.

Voilà donc déjà une confusion.

Si, avec les premiers qui , à notre sens , sont plus logiques , on n'admet qu'une seule force pour diriger l'ensemble des actes vivants (organiques , intellectuels et moraux) , il en résulte que tout être qui a vie a âme , aussi bien l'animal que l'homme, aussi bien le végétal que l'animal.

Si, avec les seconds, vous admettez deux principes immatériels distincts, une force vitale pour régir les actes organiques et une âme pour les actes intellectuels et moraux, où établirez-vous la délimitation entre les êtres organisés qui n'ont qu'une force vitale et ceux qui ont à la fois la force vitale et l'âme ? Assurément vous refuserez une âme aux végétaux, mais il vous sera impossible de dire à quel chaînon de la série zoologique vous ferez commencer l'âme des animaux. Sera-ce à l'éponge ? à l'huître ? au crustacé ? au poisson ?

Comment et à quel instant de la vie l'âme s'unit-elle au corps ? Est-ce au moment de la conception ? à la naissance ? Est-ce à l'âge dit raisonnable et quel est cet âge ?

Que devient l'âme chez le vieillard décrépit ou tombé dans l'enfance ? Que devient-elle dans l'aliénation mentale ?

Où réside-t-elle pour qu'une fièvre, une simple lésion, un accident ou une maladie quelconques puissent l'abolir plus ou moins longtemps ? Dans ces cas, quitte-t-elle le corps pour planer autour de lui jusqu'à la guérison ? Ou bien se relègue-t-elle dans quelque partie profonde de notre organisme ? Ou bien encore

Dieu la reprend-il pour nous la rendre plus tard ou pour la garder définitivement ?

Comment comprendre que l'âme, cette émanation de la Divinité, cette force supérieure qui régit et anime la matière, *mens agitat molem*, qui préside et commande aux actes si élevés de l'intelligence, comment comprendre, dis-je, que cette âme puisse être altérée, supprimée même par un rien, une légère blessure à la tête, quelques inspirations de chloroforme, etc. ?

Vous me répondrez que l'âme ne peut fonctionner qu'à l'aide d'instruments complets, d'organes sains. Vous subordonnez donc le rôle de l'âme à l'état des organes. Tantôt l'âme était une force divine qui dominait la matière et maintenant elle se trouve sous la dépendance de celle-ci. Vous tournez ainsi dans un cercle vicieux. Si cette âme est réellement quelque chose de si supérieur, destiné par la Providence à assurer le fonctionnement de notre organisme, je me rends difficilement compte qu'elle abdique son rôle devant une mince dose d'atropine ou de curare, une goutte d'acide prussique ou une piqûre d'épingle.

Toutes ces questions, pour vous, sont insolubles. Il est vrai que votre impuissance d'expliquer l'âme comme vous l'admettez ne

prouverait pas sa non existence : et ce n'est
pas là-dessus que porte notre critique. Ce que
nous reprochons à votre théorie , c'est moins
de ne pas expliquer les faits que de les mettre
en contradiction les uns avec les autres et de
s'appuyer sur des fictions imaginaires. Dans
notre théorie matérialiste, au contraire , tout
devient compréhensible, s'enchaîne et se déduit
logiquement. L'âme étant, pour nous, une
fonction du système nerveux central, se mani-
festera , se complètera , disparaîtra , selon l'état
de développement, d'intégrité ou de destruction
du système lui-même.

Et cette âme encore , cette étincelle divine ,
ainsi qu'on l'appelle souvent , placée en nous
pour nous enseigner d'une manière sûre ce qui
est le bien et ce qui est le mal , comment la
concevoir se trompant si souvent, distinguant
si rarement l'un de l'autre et nous conseillant
si fréquemment le mal au lieu du bien ?

Cela nous amène à traiter de la conscience.

VI.

CONSCIENCE.

Qu'est-ce que la conscience?

Pour le spiritualiste, la conscience s'identifie avec l'âme et est une émanation immatérielle de la Divinité. C'est cette faculté supérieure que tout homme apporte en naissant et qui est destinée à lui faire discerner d'une manière infaillible le bien du mal.

Pour le matérialiste, la conscience n'est autre chose que la raison, c'est-à-dire une fonction cérébrale ou une faculté intellectuelle, comme on dit plus communément.

Un sujet si important et si différemment interprété mérite de nous arrêter un instant.

Raison et *conscience* sont, pour nous, la même faculté sous deux noms différents.

Quand cette faculté s'applique aux actes ordinaires de l'entendement, nous l'appelons raison : appliquée aux choses de l'éthique, de la morale, elle est la conscience. En d'autres termes et d'une manière générale, la raison

discerne la vérité de l'erreur, la conscience discerne le bien du mal, le juste de l'injuste.
Quand nous apprécions, par exemple, une
œuvre intellectuelle, soit artistique, littéraire,
scientifique ou autre, c'est notre raison qui pro-
nonce. Quand nous apprécions un acte moral
ou immoral, c'est notre conscience qui juge.

Ainsi posée, la question est d'avance résolue.

De même que la raison n'est point une faculté parfaite et immuable, mais qu'elle se
développe avec le temps, l'instruction et l'expérience, de même la conscience est une faculté
perfectible, modifiable par l'éducation et variant
selon les époques, les lieux, les peuples ou les
individus.

L'idée du bien n'est point innée en nous. La
notion de l'éthique s'acquiert comme la notion
du vrai. Elle est le résultat de l'expérience accumulée de toutes les sociétés.

La conscience d'aujourd'hui n'est pas la
conscience d'hier et elle ne sera plus la même
demain. Le code de la morale est un livre dont
les pages, blanches à l'aube de l'humanité, se
remplissent et s'enrichissent indéfiniment avec
les âges et la civilisation. Aussi, voyons-nous
le progrès moral suivre dans son évolution
toutes les oscillations du progrès intellectuel.
Nulle ou rudimentaire dans les temps primitifs,

la morale reste vague et en quelque sorte voilée chez les peuples qui ne peuvent se dégager des langes de la barbarie; elle s'atrophie chez les nations vouées par leurs institutions politiques et sociales à la décadence et à l'extinction ; elle s'élève, au contraire, et s'épure dans les sociétés avancées. La conscience tend à substituer le bien au mal et à se rapprocher de plus en plus du bien positif, comme la raison tend à substituer le vrai au faux et à se rapprocher de plus en plus de la vérité scientifique.

A l'appui de notre thèse les preuves abondent, les exemples fourmillent. Citons-en quelques-uns.

La polygamie, condamnée comme criminelle par les peuples de l'Europe occidentale, est acceptée par les Orientaux et encouragée chez les Maoris de la Nouvelle-Zélande.

Le vol, chez les anciens Germains, n'avait, d'après César, rien de déshonorant de tribu à tribu et était, au contraire, recommandé pour exercer la jeunesse. Chez les Mbayas de l'Amérique du sud, il est regardé comme prescrit par une loi divine. Et, dans notre propre pays, n'entendons-nous pas bien des personnes dire de bonne foi que dérober aux riches ou à l'État ce n'est point voler?

Et l'homicide. Une loi de Lycurgue n'ordonnait-elle pas dans l'ancienne Sparte de tuer les enfants nés difformes ? De nos jours, certaines peuplades sauvages considèrent comme un pieux devoir le meurtre de leurs parents, vieux et infirmes, afin de les soustraire aux souffrances de l'âge et de la maladie. Dans l'île de Bornéo, les Dayaks ne trouvent pas à se marier tant qu'ils n'ont pas tué un ennemi ou, à défaut, un malheureux étranger. Et même, chez certains peuples civilisés, l'on va jusqu'à accepter cette doctrine qui traite de crimes à différents degrés le meurtre d'un esclave et celui d'un homme libre.

Et l'anthropophagie. Je ne parle point seulement des Cannibales qui se nourrissent de la chair de leurs ennemis vaincus, ou des sauvages qui, en temps de disette, font la chasse à l'homme, ni des Esquimaux et des Groendlandais qui, lorsque la pêche au phoque est insuffisante, égorgent et dévorent sans grands scrupules leurs femmes et leurs enfants ; mais je parle surtout de tribus qui, sans nécessité aucune, sont anthropophages dans un but qu'elles croient louable.

Déjà les anciens Massagètes de l'Asie centrale, au dire d'Hérodote, tuaient leurs vieux parents qu'ils mangeaient dans un festin solennel : ils regardaient cette mort comme la plus heureuse.

Dans l'île de Sumatra, les Battas, d'après Rienzi, nation belliqueuse, probe et honnête et jouissant d'un gouvernement régulier, pratiquent l'anthropophagie comme institution légale et répressive : le criminel est condamné à être mangé vivant. Il y a peu d'années encore, chez les Kanaks de notre colonie de Nouka-Hiva, selon des témoins véridiques, les parents à qui naissait un enfant mal conformé lavaient le petit être au bord de la mer et le faisaient cuire avec des ignames.

Si nous passons en revue tout ce qu'a enfanté le fanatisme religieux, combien n'enregistrerons-nous pas d'actes condamnés par notre morale actuelle et qui cependant émanaient d'une conscience tranquille !

Ainsi, ces sacrifices humains si communs à l'aurore des sociétés, et encore en usage aujourd'hui chez divers peuples sauvages dont l'intention bien sincère est de plaire à leur Divinité !

Et les guerres de religion avec leurs mille atrocités commises au nom de la justice !

Descendons en nous-mêmes. Vingt fois par jour, n'avons-nous pas à nous poser des problèmes de morale que nous sommes hésitants à résoudre ? Et ces problèmes, posés à différentes personnes, ne sont-ils pas résolus par chacune d'elles dans un sens différent ?

Et dans les arrêts des tribunaux et des cours, voit-on souvent le même fait jugé de la même manière? Je mets de côté les cas où la préoccupation politique et l'esprit de parti peuvent égarer la conscience des magistrats. Mais dans mille circonstances de la vie ordinaire où l'on est certain que les juges sont exempts de toute passion et ont pesé leur sentence, ne les voyons-nous pas apprécier un même acte moral de plusieurs façons différentes?

Maintenant, transportons-nous par la pensée dans l'avenir, et disons quel jugement la conscience future émettra sur notre morale d'aujourd'hui.

Dans quelques années, croira-t-on qu'en plein XIXe siècle cette abominable doctrine *la force prime le droit* ait pu se produire et trouver des approbateurs, sans soulever l'indignation de tous les cœurs honnêtes et généreux?

Lira-t-on sans émotion qu'en l'an 1878 la peine de mort et l'esclavage étaient encore inscrits dans les codes de certaines nations dites civilisées?

Et dans un avenir plus éloigné encore, trop éloigné hélas! quand la sauvage guerre aura disparu de la terre, quand la solidarité, devenue la loi de l'humanité, réunira tous les peuples en une confédération universelle, que diront nos

arrière-neveux de ces hécatombes humaines
qu'aujourd'hui nous prodiguons sans remords
sur les champs de bataille, le plus souvent pour
l'ambition, la folie ou le caprice d'un despote?
Leur jugement sera bien sévère, avec raison,
sur notre prétendue morale.

La conscience n'est donc point quelque chose
d'inné, de parfait, d'immuable, et ceux-là sont
dans une grave erreur qui nous la représentent
comme une émanation de la Divinité, comme
une faculté supérieure et infaillible. Contentons
nous de voir en elle une faculté intellectuelle et
partant essentiellement perfectible. Nous serons
dans le vrai et, de plus, nous aurons cet avantage que, la sachant susceptible de progrès,
nous nous efforcerons de la perfectionner et
de la faire servir au plus grand bonheur de
l'humanité.

VII.

VIE FUTURE.

Enfin, la doctrine spiritualiste se complète par la croyance à une *vie future*.

A la mort, l'âme quitte le corps. Celui-ci est livré aux désagrégations chimiques que subit toute matière. L'âme vivra éternellement. Quoique immatérielle, elle verra, entendra, sentira, jouira ou souffrira, pensera, etc. Est-ce bien compréhensible?

On peut, à la rigueur, se faire une idée (plus ou moins fantaisiste) d'une âme animant un corps, d'une âme souffrant ou jouissant, pensant et agissant à l'aide de ce corps. Mais peut-on se figurer des âmes sentant, jouissant et pensant, et tout cela sans qu'un système nerveux, des organes de sens, un lien matériel quelconque les rattachent au monde extérieur?

Autres difficultés :

Si vous accordez une vie future à l'homme, vous devez l'accorder aux animaux ; et si vous la refusez aux animaux, il faut la refuser à l'homme. Cette conséquence est logique, puisque les animaux et l'homme possèdent le même principe immatériel.

Où placerez-vous cette vie future ? Sur la terre ou dans toute autre planète de notre système solaire ? Mais avec les siècles ces planètes se désagrègeront. Dans les étoiles ? L'astronomie prouve qu'elles sont des soleils comme le nôtre et suppose que, comme le nôtre, elles s'éteindront. La placerez-vous enfin dans les espaces interplanétaires ou intersidéraux ? La science nous a fait connaître le Ciel à des distances incommensurables et nulle part notre raison n'y trouve un endroit possible pour le séjour des âmes. Au point de vue qu'on peut appeler cosmologique, la conception d'une autre vie est donc inacceptable.

Au point de vue philosophique, la vie future, nous dit-on , est nécessaire :

a. — Pour réparer les inégalités et les injustices de celle-ci.

b. — Pour récompenser les bons et punir les méchants.

c. — Elle est une idée fortifiante qui nous fait supporter avec courage et résignation les souffrances de ce monde.

Examinons ces trois points.

a. Une vie future est nécessaire pour réparer les inégalités et les injustices de celle-ci.

Les inégalités d'abord. On les appelle aussi des caprices ou des injustices du sort.

La nature et la société sont pleines d'inégalités : on peut même dire qu'elles ne sont faites que d'inégalités. Mais sont-ce là des injustices qui réclament une réparation ?

Citons quelques exemples.

Physiquement, nous n'avons ni la même forme de nez, de bouche ou de pieds, ni la même taille, ni le même développement musculaire. Eh bien ! devra-t-il être dédommagé dans une autre vie, celui qui, ayant un grand nez, souffre ici-bas de n'en avoir pas un petit, ou celui qui, étant d'une petite stature, se trouve malheureux de n'en avoir pas une plus élancée ? Vous ne le pensez pas.

Deux hommes possèdent deux champs voisins l'un de l'autre et d'une valeur égale. Le premier, en creusant sa terre, découvre une mine qui centuple le prix de son bien ; l'autre, en creusant la sienne avec le même soin, ne trouve rien. Voilà une inégalité. Ce dernier, à sa mort, aura-t-il droit à un dédommagement ?

Le hasard me fait naître et vivre dans un

climat doux et tempéré; vous naissez, vous, sous un ciel torride ou dans une zône glaciale. Cette inégalité réclame-t-elle une compensation ultérieure ?

Vos parents sont riches, les miens m'ont laissé la misère pour tout héritage. Me faudra-t-il une vie future pour effacer cette infériorité de fortune qui a été mon lot sur la terre ?

Un enfant vient au monde bien constitué ; un autre naît chétif et souffreteux. Vous appelez cela une injustice du sort et déjà vous réclamez une vie posthume pour la réparer. Je vous demande alors dans quel but Dieu aurait fait naître cet enfant souffreteux pour avoir à le dédommager plus tard de cette prétendue injustice. Peut-on admettre que Dieu fasse le mal pour avoir à le réparer ensuite ?

Nous avons, vous et moi, un fils, notre consolation et notre soutien. La mort me ravit le mien : le vôtre vous reste. Dois-je avoir un dédommagement dans une autre vie parce que mon fils, né mortel comme tous les êtres, a succombé, à un certain moment, plutôt que le vôtre ? Je ne le crois pas. Ce n'est là encore, comme dans les cas précédents, qu'une inégalité naturelle.

Passons maintenant aux *injustices* sociales pour la réparation desquelles on réclame surtout une seconde vie.

Un jugement inique m'arrache à ma famille
et à ma patrie et m'exile sous un climat meur-
trier. Quelle souffrance est plus cruelle! Une
vie extra-terrestre seule, selon vous, peut me
dédommager de pareilles douleurs.

Et les nombreuses victimes de la tyrannie,
de l'arbitraire et de l'inquisition! Ne leur
faut-il pas une réparation?

Et Giordano Bruno brûlé vif pour avoir
soutenu l'éternité de la matière! Et Galilée
mis en prison pour avoir défendu la vérité!
Et tant de martyrs de l'indépendance, de la
science, de la justice! N'ont-ils pas droit à
une autre vie qui leur fasse oublier les tortures
de ce monde?

Tel est le problème que vous nous posez.

Oui, les injustices sociales existent : c'est un
fait malheureusement trop vrai et trop fréquent.
Mais entraînent-elles et imposent-elles comme
conséquence forcée l'idée philosophique d'une
vie future? Examinons la question à fond et
avec quelques détails.

Pour cela, nous devons faire une distinction
entre le passé et le présent, c'est-à-dire entre
les générations éteintes et les générations actuelles, distinction motivée par cette objection
qui nous est adressée bien souvent :

Comment pouvez-vous admettre, nous

dit-on, que les victimes des temps passés restent sans dédommagement? On peut, à la rigueur, espérer pour les victimes vivantes une réparation sur cette terre, mais comment accepter que tout soit fini pour les morts?

Cette objection n'est grave qu'en apparence. Au premier abord, vous philosophes spiritualistes qui réclamez par la vie future une compensation pour ceux qui ont souffert jadis, vous paraissez avoir une supériorité sur nous matérialistes qui ne pouvons leur donner ni consolation, ni dédommagement, rien enfin qui leur soit profitable. Mais réfléchissons un instant: plaçons-nous sur le terrain de la réalité et non dans la région des songes et votre objection va tomber d'elle-même.

En effet, pouvons-nous faire que les événements passés n'aient point existé, que la St-Barthélemy, par exemple, n'ait pas eu lieu, que l'échafaud n'ait pas souillé notre grande Révolution, que la catastrophe de 1842 sur le chemin de fer de Versailles n'ait coûté la vie à de nombreuses personnes, que la guerre de 1870 n'ait été un immense désastre, etc.? Non, malheureusement. Ce qui est accompli l'est irrévocablement et il est de la nature humaine de le subir, sinon de l'accepter.

Eh bien! vous voulez que tous ces morts

aient un dédommagement. « Votre compassion part d'un bon naturel, » mais elle n'est qu'une généreuse et stérile illusion ; car, en quoi peut-elle leur profiter ? Quel que soit le sort d'outre-tombe que votre imagination crée aux victimes passées, vous ne changez en rien ce qui est un fait consommé. Votre cœur est soulagé, je le veux bien, mais voilà tout ; et les morts ne bénéficient pas de vos pensées, quelque bienveillantes qu'elles soient pour eux. Une conception philosophique n'a de valeur que par son influence plus ou moins heureuse et féconde sur les sociétés actuelles ou futures. Quand vous invoquerez pour celles-ci le dogme d'une seconde vie, alors nous pourrons discuter avec vous sur son plus ou moins d'utilité et c'est ce que nous ferons dans un instant ; mais, quand vous l'invoquez en faveur des générarations passées, je n'entrevois là aucun avantage et je dis que votre compassion posthume ne peut leur servir.

Et vous-mêmes, vous êtes si peu convaincus de la nécessité, voire même de l'utilité d'une autre vie pour les victimes des temps passés, que je vous laisse le soin de répondre à cette question : Croyez-vous que celui qui a inventé (ou est présumé avoir inventé) le dogme de la vie éternelle, si, en ce moment-là, il n'eût rencontré sur la terre que félicité, paix, union, équité et absence de douleurs, croyez-vous, dis-je, qu'il se fût soucié des injustices antérieures et qu'il eût songé à proclamer ce dogme? Non, répondrez-vous avec moi. Il eût laissé les morts à leur repos, car sa pensée et son but, en fondant la croyance à une seconde vie, ont été de donner aux malheureux la force de lutter contre leurs souffrances du jour.

Vous déplorez les injustices dont tant d'individus ont été les victimes; nous les déplorons autant que vous. Mais la moralité que nous tirons de ce fait est différente de la vôtre. Tandis que votre douleur vous inspire la fiction d'une vie future, l'histoire de ces injustices nous impose (à nous, qui ne pouvons rien directement sur les faits accomplis et sur les personnes mortes) le devoir de les épargner aux enfants de ces victimes. C'est à la fois plus logique et plus efficace.

J'ai donc raison de dire que, par rapport aux morts, votre conception de la vie future est une généreuse, mais stérile illusion. Et maintenant, par rapport aux vivants, votre croyance n'est plus seulement stérile, elle est nuisible et je le prouve.

Les injustices sociales, ai-je dit plus haut,

existent grandes et nombreuses. Mais d'où proviennent-elles ? toujours de notre éducation, de nos institutions, de notre ignorance ou de notre faiblesse, de notre faute, en un mot.

Notre but est assurément de les faire disparaître. Eh bien ! restons, pour cela, dans la réalité que nous impose notre nature humaine, et ne nous oublions pas dans le monde des chimères. Est-ce un simple narcotique que vous voulez apporter aux maux de la société, ou bien un remède radical ?

Là est toute la différence entre nous.

Vous, vous prétendez trouver le remède dans la croyance à une vie extra-terrestre, un mythe de votre imagination, Nous, nous le cherchons, nous le poursuivons, nous le trouvons dans quelque chose de positif et d'accessible, dans le progrès des institutions sociales, dans la guerre à la superstition, à l'erreur, à l'immoralité, etc.

Avec votre conception, vous n'obtiendrez que des résultats déplorables. Sûrs, en effet, d'une vie future qui doive dédommager des injustices de celle-ci, vous laisserez, sans jamais réagir, se commettre tous les abus et tous les excès possibles. La logique de votre doctrine vous condamne même à ne rien faire pour réparer sur cette terre les maux dont vous êtes les témoins. Ce sera l'œuvre ultérieure d'une sagesse infinie qui sait mieux que vous où ils se trouvent et comment ils doivent être réparés. Vous n'avez pas le droit de vous substituer à Dieu : vous pouvez faire erreur dans vos compensations, tandis que Lui rectifiera et compensera équitablement. Dès lors, laissez les iniquités se continuer et s'aggraver ; endormez-vous dans l'indolence.

Avec nos idées, au contraire, nous réagirons toujours contre l'injustice. Nous travaillerons sans relâche à améliorer les institutions, à déraciner les abus, à prévenir le mal et à rendre moins nombreuses les victimes sociales. Si nous succombons dans la lutte, nous nous serons du moins sacrifiés pour un but utile et nous aurons eu, plus que vous, ce résultat d'empêcher que dans l'avenir d'autres souffrent comme nous avons souffert, car toute grande lutte, tout grand sacrifice sont une semence de progrès pour nos descendants. Ne sont-ce pas là des idées plus fécondes que le dogme d'une vie future ?

Et maintenant, serrant la question de plus près, nous vous demanderons ce que vous ferez de ceux qui n'ont subi aucune injustice dans ce monde. D'après vos idées, ceux-là ne doivent pas avoir besoin d'une seconde vie.

Elle est donc nécessaire à certains, inutile à d'autres. Bien plus, si nous admettons (chose fort admissible) que, dans un avenir très-éloigné, l'injustice sociale disparaisse de la terre, vous n'aurez plus que faire alors d'une vie future et votre croyance d'aujourd'hui croulera parce qu'elle n'a aucune base solide et réelle.

En résumé, nous avons en présence :

Des inégalités physiques qui sont l'essence même de la nature et en vue desquelles il est puéril d'inventer une seconde vie qui doive les niveler ;

Et des inégalités et des injustices sociales. Celles-là, il est en notre pouvoir de les réparer, de les corriger, de les prévenir. Ce sera l'œuvre du temps et de la civilisation, des progrès scientifiques, de la loi mieux comprise et plus généralisée de la solidarité ; ce sera le résultat de la guerre à outrance que nous ferons à l'ignorance et à l'oppression. Menons cette campagne avec vigueur, abnégation et persévérance, et nous ferons par là le bonheur de nos enfants bien plus que par la conception métaphysique, vide et illusoire d'une vie future.

b. Une vie future est nécessaire pour récompenser les bons et punir les méchants.

Récompenses. En ce qui concerne ce premier point, avons-nous réellement besoin d'une autre vie où il soit tenu compte des bonnes actions faites dans celle-ci? Ne trouvons-nous pas une récompense suffisante dans la satisfaction que nous procure le bien accompli et devons-nous en avoir une seconde plus tard? Est-ce bien juste de prétendre à une double rémunération pour un même acte? Est-ce bien digne, quand vous avez reçu le prix d'un service, de vouloir en attendre un second pour ce même service?

Et, d'une autre part, croyez-vous que l'espérance d'une récompense future soit un mobile suffisant pour nous faire accomplir une bonne action? Il se peut que ce soit un stimulant efficace chez quelques personnes, mais assurément tout le monde n'est pas mû par ce motif égoïste et étroit. Il est certain, quand l'éducation et l'instruction seront fortement répandues et la solidarité mieux appliquée, que nous trouverons, dans notre propre satisfaction et dans l'utilité générale qui résulte des services réciproques, des mobiles nous portant plus sûrement au bien que l'espoir d'une récompense céleste. Je reviendrai d'ailleurs plus longuement sur ce sujet quand je traiterai de la morale matérialiste.

Punitions. A notre point de vue, les châtiments comme les récompenses sont injustes et ne doivent point exister, puisque nous nions le libre arbitre, la responsabilité, le mérite et le démérite des actes humains, ainsi que nous le verrons plus tard.

Les spiritualistes, eux, croient aux punitions divines. Eh bien! même en nous plaçant à leur point de vue, nous disons que, pour que celles-ci puissent être acceptées comme justes, il faudrait le concours des trois conditions suivantes :

1° Conscience infaillible, c'est-à-dire sens intime nous disant d'une manière toujours sûre ce qui est mal et ce qui est bien.

2° Existence du libre arbitre, c'est-à-dire libre choix de l'acte bon ou mauvais.

3° Pacte consenti entre celui qui doit infliger et celui qui doit recevoir le châtiment.

Voyons si ces conditions sont réunies.

Quant à la conscience, j'ai démontré qu'elle n'était autre chose que la raison et partant, qu'elle était faillible. Mais le spiritualiste admet la conscience infaillible. Soit.

Quant au libre arbitre, je démontrerai plus loin que nous ne le possédons pas. Mais le spiritualiste l'admet. Soit encore.

Mais le pacte consenti entre Dieu et l'homme,

où est-il? Des spiritualistes veulent qu'il existe et que ce soit la révélation. Est-ce bien sérieux? Supposons cependant avec eux que Dieu se soit réellement manifesté à Moïse et lui ait dicté les Tables de la Loi. C'est là un contrat qui ne peut engager que Moïse ou encore le petit nombre de ceux qui acceptent sa parole. Ceux-là doivent être punis s'ils manquent aux commandements de Dieu et la punition ne sera que l'exécution légitime du contrat.

Mais que ferez-vous de ceux qui ne sont pas liés par la révélation? De ceux, par exemple, qui, ayant vécu avant Moïse, n'ont pu, par conséquent, la connaître? Assurément vous ne voudriez pas les punir. Que ferez-vous de ceux qui, après Moïse, n'ont point été instruits de cette révélation ou sont nés dans des religions qui ne l'acceptent pas? Que ferez-vous enfin de cette foule de personnes, spiritualistes même, qui ne peuvent y croire? ou bien encore de ce nombre considérable et sans cesse grossissant de libres penseurs qui la combattent scientifiquement? Répondez, si vous le pouvez. Dieu, s'il avait voulu réellement se révéler au genre humain et lui enseigner sa ligne de conduite morale, ne se serait point montré à un seul individu et en un seul point du globe. Il l'eût fait d'une manière universelle et patente et de telle sorte que personne ne puisse concevoir un doute. La même objection s'adresse aux autres révélations.

Je suis donc autorisé à dire que, même en raisonnant selon votre doctrine, les punitions, justes pour les uns, ne devraient pas exister pour les autres. Votre doctrine est donc exclusive; elle n'est point générale. J'en conclus qu'elle est fausse.

Pour qu'une punition soit considérée comme juste, ai-je dit plus haut, il faut, entre autres conditions, que le pacte entre les deux parties contractantes soit unanimement consenti, et j'en trouve la preuve dans l'organisation des sociétés modernes. N'est-ce pas, en effet, ce qui se passe dans les États civilisés pour le châtiment des fautes? Le contrat entre l'État et nous existe; c'est la loi. Nous l'acceptons par cela seul que nous restons citoyens de cet État. Cette loi définit nettement la faute (crime ou délit) qui doit être punie; elle nous avertit ainsi de ce qui est regardé comme mal ou comme bien (1). Que diriez-vous d'un

(1) Ce contrat, dont le principe est incontesté, laisse cependant à désirer dans son application : il devrait être complété par l'enseignement des lois à tous les citoyens. L'on nous dit :

gouvernement dépourvu de lois et nous punissant selon son caprice ou son bon plaisir? Vous verriez là assurément le comble de l'injustice et de l'arbitraire.

La doctrine des punitions d'outre-tombe est donc inadmissible. Mais poursuivons, et voyons quelles objections on peut encore lui adresser.

1° Pour ceux qui n'ont fait ici-bas aucune mauvaise action et qui, par conséquent, ne méritent aucun châtiment, la vie future n'est donc pas nécessaire ?

2° La punition d'outre-tombe est une punition stérile. Elle ne répare pas le mal que vous avez fait ; elle est inefficace à prévenir celui que vous pourriez faire. Elle n'a pas de but, pas de raison d'être.

3° Vous êtes placés en face de ce dilemme : maintenir ou supprimer les punitions terrestres.

Si vous les maintenez, vous vous substituez à Dieu, c'est-à-dire à la sagesse infinie, ce qui est un non-sens et, bien plus, une cruauté, car vous punissez dans ce monde celui qui dans l'autre doit recevoir une peine plus équitable.

Nul n'est censé ignorer la loi, l'on nous punit quand nous l'avons méconnue dans nos actes, et l'on n'a rien fait pour nous en instruire. Est-ce logique ?

5*

Si vous les supprimez (et dans ce cas vous seriez logiques)„ où est alors le stimulant au bien? où est la garantie de sécurité de la société ?

4° Et si la vie future doit, comme vous le dites, sanctionner les actes humains, quand la peine aura pris fin (car j'estime que vous ne devez pas admettre l'éternité des châtiments), qu'arrivera-t-il? Les hommes, bons ou méchants, seront redevenus égaux et en état d'innocence. Vont-ils recommencer quelque nouvelle existence après laquelle leurs actions seront, comme précédemment, jugées, punies ou récompensées, et ainsi de suite *in æternum?* Rêverie puérile! Ou bien seront-ils, après l'expiation de leurs fautes, voués à une félicité perpétuelle? Mais alors, pourquoi ce passage douloureux et éphémère sur cette terre, et cette expiation non moins éphémère après la mort? Pourquoi Dieu n'a-t-il pas donné d'emblée à l'homme le bonheur éternel sans cette transition d'un instant sur notre planète? A quoi sert la vie terrestre, puisque ses effets doivent sitôt disparaître ?

Si vous n'avez inventé les châtiments d'outre-tombe que pour maintenir l'homme dans la voie du bien, vous n'y parviendrez pas. Vos efforts resteront infructueux comme ils l'ont été depuis dix-huit siècles. Voyez-vous beaucoup de criminels reculer devant leur acte par crainte de la justice divine? Non. Ils redoutent bien plus, et avec raison, les tribunaux humains.

Si c'est comme instrument de domination et de gouvernement que vous avez établi le dogme de la vie future, prenez garde. Le jour (et ce jour n'est pas éloigné) où la raison éclairée et émancipée aura reconnu la puérilité et l'inanité de votre conception, vous vous trouverez isolés et désarmés ; vous qui avez pris la direction des masses, qui vous êtes donné la tâche et en quelque sorte le monopole de leur enseigner les principes de la justice et la perfectibilité morale, vous serez jugés téméraires et impuissants. Et alors, ceux que vous avez si longtemps abusés et laissés dans l'erreur se retourneront contre vous et vous demanderont un compte sévère du temps d'arrêt que vous avez infligé à l'humanité et à la civilisation. Abandonnez donc ces fictions, ces utopies, ces épouvantails bons pour des enfants et des ignorants qu'on veut dominer ; cherchez et montrez à l'homme les bases solides et certaines sur lesquelles il doit s'appuyer pour arriver à la vérité et à la justice. Ces enseignements, le spiritualisme ne saurait vous les donner ; le matérialisme scientifique seul vous les fournira.

c. La croyance à une vie future est une idée fortifiante qui nous aide à supporter patiemment et courageusement les douleurs de ce monde.

Il est doux pour celui qui souffre, nous dit-on, de penser qu'après une souffrance momentanée il aura un calme et un bien-être éternels ; pour celui à qui la mort a successiment ravi tous ceux qu'il aimait, de croire qu'il les reverra un jour pour ne plus les quitter. Il est beau pour le savant qui a vainement cherché la vérité sur la terre, de songer qu'il trouvera dans un autre séjour la solution des problèmes qu'il a si longtemps poursuivis ; pour le philosophe et le philanthrope, de voir briller en perspective la justice dont ils ont eu tant de peine à tracer ou à faire accepter les premiers principes. Il est consolant, ajoute-t-on enfin, pour tous ceux dont les efforts ici-bas ont tendu stérilement à des buts louables, d'espérer la réalisation de leurs désirs.

Mais ce sont là des conceptions chimériques, des produits de l'imagination qui n'ont aucune base scientifique. Ne nous berçons pas d'illusions et de rêves qu'un moment de réflexion suffit à dissiper. L'hallucination n'est point la réalité. Si nous croyons si volontiers à une vie future, c'est surtout parce que nous la désirons. Comment qualifier une telle faiblesse ? Soyons hommes et sachons préférer à l'erreur, quand même elle nous consolerait, la vérité qui peut nous déplaire aujourd'hui, mais qui demain nous grandira et fera notre bonheur.

Vous dites que ces croyances sont fortifiantes pour les malheureux, les opprimés et les désespérés de ce monde ; je prétends qu'elles sont énervantes. Raisonnons.

Vous souffrez. Que va-t-il advenir ? Avec votre foi en une vie future, vous aurez peut-être une consolation momentanée, mais nullement un soulagement réel ; vous aurez la résignation, c'est-à-dire le courage de la pusillanimité, ou, en d'autres termes, le courage passif de la souffrance sans l'énergie de la lutte ; vous accepterez et subirez votre mal sans réagir. Ceux qui souffriront après vous, seront également, comme vous, plus ou moins consolés et résignés, mais pas plus que vous ils ne réagiront. Ceux qui, partageant vos croyances, verront vos peines, vous apporteront ce qu'on appelle de *bonnes paroles*, mais non un secours efficace, *verba non acta*. Ainsi, les douleurs humaines se perpétueront et vous n'en diminuerez ni le nombre ni l'intensité.

Rejetant, au contraire, cette conception

illusoirement consolante d'une seconde vie, convaincus que vous devez attendre tout de vous-mêmes et de vos semblables et rien d'en haut, vous réagirez contre la souffrance. Au lieu de la subir avec patience et apathie, vous tâcherez par tous les moyens possibles de l'atténuer, d'y remédier, de la prévenir chez vous et chez les autres. Ceux qui viendront et souffriront après vous renouvelleront vos efforts, infailliblement couronnés de succès plus ou moins immédiats. De ce concours de forces, sans cesse accumulées, l'humanité retirera un véritable profit. N'est-il pas préférable de secourir ainsi les malheureux, d'une façon effective, que de les bercer de promesses chimériques et de leur prêcher la résignation, cette fausse vertu, si habilement exploitée par les religions modernes, qui nous ôte toute force de réaction, nous abêtit et nous livre, esclaves désarmés, au despotisme clérical ?

Un raisonnement sérieux rejette donc la vie future, comme il a rejeté déjà l'existence d'une âme souveraine, distincte du corps, la Création, la Providence, le surnaturel, en un mot.

MATÉRIALISME.

———

Ici, nous abandonnons les conceptions métaphysiques, les rêves de l'imagination : l'idée de Dieu, refoulée par la science, disparaît.

Le matérialisme scientifique s'appuie sur l'expérimentation et sur les déductions logiques qui en découlent. Certainement il ne peut tout expliquer et tout prouver, nos connaissances actuelles étant encore trop imparfaites ; mais du moins ce qu'il avance, loin d'être en contradiction avec la science, repose sur elle, et les hypothèses qu'il émet, si elles ne sont pas toujours élevées au rang des vérités démontrées, peuvent être acceptées comme des probabilités qui ne heurtent pas la raison.

———

I.

ÉTERNITÉ DE LA MATIÈRE.

La première base du matérialisme, c'est *l'éternité* de la matière. Tandis que, pour les spiritualistes, la matière a été créée, pour nous, elle a toujours existé.

Bien que, *à priori*, notre esprit se fasse difficilement une idée générale de l'éternité, cependant, après une légère réflexion, il ne peut s'empêcher d'accepter la matière comme éternelle. En effet, nous voyons celle-ci indestructible, se transformant, mais ne s'anéantissant pas. Ses molécules passent d'un corps à un autre, de l'être organisé à la substance inorganique et *vice versâ* ; mais jamais aucune d'elles ne disparaît. C'est là un fait acquis à la science. Notre esprit peut donc aisément suivre dans l'avenir cette matière éternellement en transformation et il ne la verra jamais finir. Il peut également par la pensée remonter le cours des âges et suivre dans le passé les métamorphoses qu'elle a subies, toujours il se la représentera soumise à de perpétuels changements d'aspect ou de combinaison ; mais jamais elle ne lui échappera.

L'idée de l'éternité de la matière est donc parfaitement admise par notre intelligence ; bien plus, l'idée contraire d'un commencement et d'une fin ne nous paraît pas logique et ne s'accorde point avec les phénomènes de continuelles transmutations de la matière que nous observons journellement.

Quoi qu'il en soit, dès l'instant qu'on reconnaît la nécessité d'un principe d'éternité comme base de tout système philosophique, spiritualisme ou matérialisme, j'accepte bien plus aisément l'éternité de la matière que je vois et comprends que je n'admets l'éternité d'un esprit que je ne vois ni ne comprends, lequel, à un certain moment, va de rien, du néant tirer magiquement la matière qu'il doit faire rentrer un jour dans ce même néant.

II.

PROPRIÉTÉS OU FORCES DE LA MATIÈRE.

Le second principe sur lequel s'appuie le matérialisme, c'est l'union constante, indissoluble de la matière avec ce qu'on appelle ses *propriétés*, ses *attributs*.

La matière a des propriétés qui lui sont inhérentes, qu'on ne peut lui enlever et dont on ne peut la séparer. Ces propriétés ne lui manquent jamais ; elles l'accompagnent partout où elle existe. Il n'est pas plus possible de concevoir une matière sans attributs, sans propriétés, c'est-à-dire sans *forces*, pour me servir du terme accepté aujourd'hui, qu'il n'est possible d'admettre des forces sans matière. Nous ne pouvons nous faire une idée du mouvement sans y joindre inséparablement l'idée d'un corps qui se meut, une idée de la pesanteur sans l'idée d'un corps qui tombe : comme aussi nous ne pouvons nous faire l'idée d'un corps sans y joindre en même temps celle d'une de ses propriétés, mouvement, pesanteur, température, etc.

Retenons donc ce premier axiome : *pas de matière sans force , pas de force sans matière.*

Bien plus, les propriétés inhérentes à la matière restent toujours les mêmes, immuables, identiques dans le monde organique et dans le monde minéral. Cette constance des attributs de la matière équivaut à ce qu'on appelle, en langage spiritualiste, *l'immutabilité des lois de la nature* (1). Le fer conserve ses propriétés , qu'il soit enfoui dans le sol, exposé à l'air libre ou introduit dans notre économie ; il se comportera toujours de même, quand il se trouvera placé dans des conditions égales de volume , de température , de combinaison ou d'alliage , etc., en un mot, dans les mêmes conditions physiques et chimiques. L'oxygène se combinera toujours de la même manière avec les substances organiques ou inorganiques, dans des circonstances semblables. Deux expériences faites sur un corps dans des conditions identiques donneront les mêmes résultats.

Nous pouvons donc formuler ainsi ce nouvel axiome : *les mêmes causes engendrent toujours les mêmes effets , et les mêmes effets doivent toujours être rapportés aux mêmes causes.* Et

____

(1) Cette expression est impropre, l'idée de lois impliquant l'idée d'un législateur que le matérialiste n'admet pas.

cet axiome, le matérialisme l'invoquera plus d'une fois, surtout quand il aura à combattre le surnaturel.

La science a démontré que dans la nature :

1° *La matière se transforme indéfiniment sans subir aucune déperdition.* Exemples: vous brûlez un morceau de bois ; il n'est pas anéanti pour cela. La chimie peut retrouver, quoique dissociés, les divers éléments dont se composait ce morceau de bois avant sa combustion. Vous livrez un cadavre à la terre. Ses molécules ne sont point détruites ; désagrégées seulement, elles vont concourir à la formation de nouveaux corps, vivants ou inorganiques.

2° *La force se transforme indéfiniment sans subir aucune déperdition.* Exemples: la chaleur se transforme en mouvement (locomotive mue par la vapeur) et *vice versâ*, le mouvement en chaleur (corps échauffé par le frottement ou la percussion). L'électricité, la lumière se transforment en chaleur, en mouvement, etc. Mais toujours la somme des forces soit latentes, soit effectives, reste la même. C'est ce qu'on nomme la *loi d'équivalence des forces.*

De même, la science est en voie de rechercher et de démontrer :

1° *Que la matière, même la plus complexe, n'est qu'un agrégat d'atomes d'une seule nature;* que tous les corps simples connus ne sont eux-mêmes, en réalité, qu'une seule substance ne devant ses mille diversités d'aspect qu'à son arrangement atomique varié et multiple;

2° *Que toutes les forces de la physique ne sont qu'une seule et même force d'une seule et même nature,* se traduisant, selon les circonstances et grâce à des combinaisons qui nous échappent encore, en pesanteur, chaleur, lumière, électricité, magnétisme, etc.

Dans le premier cas, le corps unique auquel se réduisent tous les autres serait, d'après M. Dumas, l'hydrogène.

Dans le second cas, la force unique à laquelle se réduisent toutes les autres serait le mouvement.

En ce qui concerne le premier point, c'est-à-dire la réduction des innombrables corps de la nature en un seul, est-il besoin d'un grand effort intellectuel pour l'admettre? La chimie n'a-t-elle pas prouvé que des substances en apparence bien différentes, viande, pain, légumes, sucre, graisses, bois, laine, soie, etc., etc., ne sont, presque en totalité, qu'un composé de trois ou quatre éléments, oxygène, hydrogène, carbone et quelquefois azote? Dès lors, quoi d'étonnant que ces derniers corps, que nous regardons aujourd'hui comme simples, puissent eux-mêmes se réduire en un seul, et ne soient, comme on l'a dit, que des corps *indécomposés* ?

En ce qui regarde le second point, c'est-à-dire la réduction des différentes forces de la nature en une seule, les travaux scientifiques modernes tendent à la démontrer chaque jour davantage.

Ainsi, une seule substance (l'hydrogène, si l'on veut) et une seule force (le mouvement), voilà le monde cosmique dans sa plus grande simplicité, tel que nous devons nous le représenter en remontant dans le passé, aussi loin que notre intelligence peut le faire. C'est le chaos des Anciens ;

Unus erat toto naturæ vultus in orbe.
Ovide.

Cette conception scientifique de l'Univers est très-rationnelle et parfaitement admissible. En dehors des autres idées qu'elle peut suggérer, elle est, disons-le en passant, un des arguments les plus redoutables contre la téléologie ou théorie des causes finales. A quoi servait en effet, se demande-t-on, cette matière cosmique dans cet état de simplicité et d'homogénéité? Et pourquoi Dieu l'aurait-il maintenue ainsi pendant des myriades incalculables de siècles avant de la rendre utile, c'est-à-dire avant d'en faire sortir les mondes actuels et la vie ?

III.

ORIGINE DE LA VIE ; ÉVOLUTION DE LA MATIÈRE.
GÉNÉRATION SPONTANÉE.

La troisième assise du matérialisme est *l'origine spontanée de la vie.*

Que la vie soit sortie de la matière brute ou inorganique, de la matière minérale, c'est là une vérité qui s'impose d'elle-même.

Il faut que notre esprit soit bien imprégné de la tradition biblique et de la croyance au surnaturel pour que cette vérité trouve encore des incrédules.

Il est certain, en effet, qu'il fut un temps où, sur notre planète minérale encore incandescente, toute vie était impossible.

Il est non moins certain qu'il arriva un moment où, sur cette même planète suffisamment refroidie, la vie est devenue possible et a commencé.

Si donc, rejetant le surnaturel, nous n'admettons pas (et le matérialisme est la négation du surnaturel) que le Créateur soit venu en personne apporter et déposer sur la terre le premier germe vivant, il faut bien accepter que la première ébauche de vie a dû éclore de la matière minérale.

Eh ! quoi de surprenant à cela si, d'un côté, nous tenons compte des conditions météorologiques, physiques et chimiques, exceptionnelles et puissantes dans lesquelles se trouvait la terre à ces époques lointaines ; et d'un autre côté, si nous considérons que le premier vestige d'organisation a dû être très-probablement un organisme microscopique, bien imparfait, *protoplasmatique*, dont tout le jeu se réduisait à des phénomènes d'endosmose et d'exosmose ; un assemblage de quelques molécules d'oxygène, d'hydrogène, de carbone et d'azote à peine douées de mouvement ; un être enfin dont les monères actuelles, relativement plus perfectionnées, ne nous donnent qu'une très-faible idée !

Dans les conditions physiques d'aujourd'hui, quand nous voyons dans nos laboratoires deux molécules inorganiques, mises en présence, s'attirer spontanément, se combiner en un seul corps avec mouvement plus ou moins grand, dégagement de chaleur et d'électricité, etc., n'est-ce point déjà un commencement d'action et de vie ? De là à admettre une organisation rudimentaire et amorphe comme celle

qui a dû se montrer la première sur la terre,
il n'y a qu'un pas.

L'esprit ne se refuse donc point à reconnaître
qu'à un certain moment de l'évolution de notre
planète, sous l'influence puissante de conditions atmosphériques particulières et inconnues
aujourd'hui, la vie ait pu surgir du monde
minéral.

Je vais plus loin et je dis que, même en nous
plaçant au point de vue des spiritualistes, la
conception de l'origine de la vie sur la terre,
telle que nous l'émettons, n'a rien qui doive
choquer nos adversaires et qu'elle peut très-
bien être acceptée par eux. Admettons pour
un instant l'existence de Dieu, et raisonnons en
spiritualistes. Ne peut-on croire qu'il était
dans le plan de Dieu de faire à l'origine sortir
la vie d'un certain assemblage de molécules
minérales, placées dans des conditions physiques et chimiques déterminées, et réagissant
les unes sur les autres, comme il est dans son
plan de faire sortir aujourd'hui la feuille d'un
bourgeon ou la tigelle d'une graine par une
série d'actions et de réactions chimiques ?
Pense-t-on un instant que Dieu vient en personne tirer *ex abrupto* la feuille du bourgeon ou
la tigelle de la graine ? Certes non. Et pas
davantage on ne doit penser qu'il ait soudaine-

ment insufflé la vie à la matière inorganique. Dans l'un et l'autre cas, la vie se continue ou a commencé grâce aux propriétés que Dieu a données à la matière soit organique, soit minérale, grâce aussi aux milieux convenables dans lesquels il l'a placée. Et il est probable que, si la première apparition de la vie sur la terre avait pu avoir un témoin suffisamment intelligent, ce témoin eût suivi et expliqué les phases physico-chimiques de cette première *évolution* de la matière de l'état brut à la forme organique, comme l'on suit et l'on explique aujourd'hui les phases physico-chimiques de l'évolution du bourgeon en feuille et de la graine en tigelle.

Donc, il ne répugne pas à l'esprit, même d'un spiritualiste, d'admettre que la vie soit sortie du monde minéral et c'est tout ce que nous voulons retenir pour le moment. Plus tard, quand nous serons habitués à voir constamment les œuvres organiques s'accomplir sans en apercevoir jamais le prétendu architecte, nous serons bien obligés de supprimer ce dernier et de considérer ces œuvres comme s'accomplissant naturellement, par l'effet seul des forces inhérentes à la matière.

La raison accepte donc l'origine minérale de la vie, c'est-à-dire la génération spontanée des premiers organismes sur la terre.

Mais la raison ne suffit pas, nous objectent nos adversaires, pour que nous acceptions un si grand fait : nous avons besoin de preuves expérimentales. A cela nous répondrons que cette preuve de l'origine de la vie est impossible à faire, les conditions cosmiques, physiques et chimiques qui ont présidé jadis à l'apparition du premier organisme n'étant plus les mêmes aujourd'hui. Mais, de ce que ces conditions n'existent plus actuellement, ou de ce que la science moderne n'est pas assez avancée pour les reproduire dans leur infinie complexité, il ne faut point conclure que la chose soit impossible ou n'ait pas eu lieu. La chimie n'est point encore parvenue à fabriquer artificiellement du sang ou de la bile, est-ce à dire pour cela que cette opération ne puisse se faire dans l'avenir? Déjà, elle a su tirer de son laboratoire l'urée, matière organique dérivée du règne animal, pourquoi n'en tirerait-elle pas un jour le sang et la bile, quand ses progrès lui auront appris à créer les circonstances plus complexes qui déterminent la formation de ces deux liquides de notre corps? Je crois donc l'homme capable de faire surgir un organisme rudimentaire de la matière minérale, s'il peut arriver à reconstituer et à réunir toutes les conditions cosmiques et physico-chimiques qui ont autrefois concouru à l'éclosion du premier être.

Quelques auteurs apportent, comme preuves de l'origine spontanée de la vie sur la terre, la démonstration du phénomène connu aujourd'hui sous le nom de *génération spontanée* ou *hétérogénie*. Tout le monde a lu les savantes recherches de M. Pouchet à ce sujet.

En admettant comme concluantes les expériences de M. Pouchet sur l'hétérogénie (expériences combattues par un grand nombre de naturalistes), elles ne prouvent pas directement l'origine minérale de la vie. Elles sont une forte présomption en faveur de cette dernière opinion, mais nullement une preuve décisive. En effet, M. Pouchet et les hétérogénistes font éclore la vie de matières mortes et décomposées, il est vrai, mais de matières organisables, de détritus de matières organiques. Jamais ils ne l'ont fait sortir de corps bruts et minéraux. On peut donc objecter que les deux cas ne se ressemblent pas.

Néanmoins, quand l'hétérogénie ne sera plus contestée, on acceptera plus facilement l'origine minérale de la vie ; car, en définitive, tirer la vie de substances inorganiques ou la tirer de substances qui, ayant été jadis organisées, sont maintenant mortes, désagrégées, cela ne constitue pas une différence bien grande. Et il est certain que si l'on ne voyait se dresser toujours

devant soi ce mur formidable qu'on appelle la
tradition biblique et qui empêche de voir libre-
ment au delà, la génération spontanée, telle que
nous la présente M. Pouchet, nous paraîtrait
chose toute naturelle. Jusqu'à plus parfaite
démonstration expérimentale de l'hétérogénie,
nous devons donc nous contenter, pour l'admettre, des preuves rationnelles, comme nous
l'avons déjà fait pour admettre l'origine du premier être sur la terre.

Concluons. Pour l'origine spontanée du premier organisme, comme pour la génération
spontanée actuelle ou hétérogénie, nous ne
possédons pas encore de preuves expérimentales
suffisantes, de preuves mathématiques ; mais
nous en avons de rationnelles qui forcent notre
conviction. Notre raison, je le repète, ne comprend pas l'origine de la vie sur la terre autrement que résultant de l'évolution de la matière
minérale, placée dans des conditions cosmiques
convenables et soumise à des réactions physico-
chimiques particulières. Elle accepte bien plus
facilement encore la génération spontanée
d'organismes rudimentaires issus ou de corps
vivants ou de substances ayant été organisées.

Quoi qu'il en soit, il existe chez nos adversaires une singulière contradiction. Ils nous
refusent la génération spontanée d'êtres primor-

diaux et microscopiques et ils acceptent, sur la foi de la tradition et imbus de la croyance au surnaturel, une génération spontanée bien plus monstrueuse, puisqu'ils veulent qu'un mastodonte, un rhinocéros ou un cheval aient apparu instantanément sur la terre tout formés et adultes.

En résumé :

Le matérialisme admet l'origine minérale de la vie, c'est-à-dire un premier organisme vivant, un *protiste*, sorti de la matière brute. Cet organisme, plus simple que les êtres les plus simples connus aujourd'hui, devait être formé d'une seule cellule, ou plutôt d'un tissu homogène, d'un peu d'oxygène, d'hydrogène, de carbone et d'azote : il n'était pas plus végétal qu'animal.

Il admet également la possibilité de l'hétérogénie, c'est-à-dire de l'origine spontanée de nombreux et nouveaux organismes inférieurs s'engendrant aux dépens de corps organiques et vivants ou de substances mortes, jadis organisées et plus facilement organisables que la matière minérale.

IV.

TRANSFORMISME ; DARWINISME.

L'origine spontanée des premiers organismes étant admise, l'origine et la formation des êtres plus perfectionnés le seront avec bien moins de difficulté : et l'explication va nous en être fournie par le *transformisme*.

Dans le système matérialiste, le transformisme est une conséquence de l'origine spontanée de la vie ; il est, en quelque sorte, la seconde phase de l'évolution de la matière.

Tandis que le spiritualiste invoque l'intervention surnaturelle et répétée d'un Créateur afin d'expliquer la naissance successive de tous les types organiques, les plus simples comme les plus composés, le matérialiste, au contraire, regarde les premiers organismes rudimentaires (qu'il admet être sortis du monde minéral), comme le commencement et le point de départ de tous les êtres de plus en plus perfectionnés qui apparaissent et se succèdent à la surface de les ancêtres aussi bien de nos grands végétaux que de nos mammifères les plus élevés dans la série animale.

Insistons, afin de le bien faire saisir par l'esprit, sur ce qui constitue le fond même du transformisme et de son complément, le *darwinisme*.

D'après cette théorie, les organismes pri--mitifs, une fois issus spontanément de la matière brute, se développent; et, grâce à l'action des milieux ambiants, des climats, de l'habitude, de l'adaptation, de la nourriture, des anomalies, etc., etc., ils subissent des modifications et des améliorations lentes qui, répétées et transmises de génération en géné-ration, à travers des myriades de siècles, donnent naissance à des êtres de plus en plus composés et perfectionnés. De progrès en progrès, cette longue évolution aboutit aux êtres supérieurs et à l'homme.

Le transformisme, découvert par notre célèbre Lamarck, mais mieux étudié, développé et précisé par l'anglais Darwin, qui a eu l'honneur de lui attacher son nom, repose sur trois faits naturels, bien simples et suffisants pour expliquer la théorie tout entière. Ces trois principes sont l'hérédité, la variabilité et la notre planète. Ces organismes sont, pour lui, sélection naturelle ou survivance des sujets les plus aptes dans la lutte pour l'existence (1).

1⁰ L'Hérédité est cette propriété des êtres vivants de transmettre à leurs descendants le type, sinon l'identité de leurs formes. C'est par l'hérédité qu'une modification ou un avantage quelconques, si légers qu'ils soient, qu'un nouveau caractère, une fois obtenus par un être organisé ne sont plus perdus et se perpétuent. C'est par elle que les conquêtes (qu'on me passe cette expression) faites par une famille ou une race organique s'accumulent, se transmettent et se conservent indéfiniment dans leur descendance. On peut donc affirmer d'une manière générale que, grâce à ce principe d'hérédité, les familles et les races (celles qui doivent résister) ont une tendance constante et naturelle à progresser.

2⁰ La Variabilité est, au contraire, cette propriété des êtres organisés d'acquérir, sous l'influence de mille causes diverses, des formes et des caractères s'écartant un peu des formes et des caractères de leurs ancêtres. Il n'est pas dans la nature deux êtres qui se ressemblent

---

(1) Il n'est pas impossible que les progrès de la science ajoutent un jour de nouveaux facteurs à ces trois facteurs connus du transformisme.

complètement. Prenez deux glands du même arbre, d'égales dimensions, mis dans les conditions les plus égales possible : ils donneront naissance à deux chênes qui n'auront ni la même taille, ni le même nombre de branches et de feuilles, etc. Prenez deux jeunes chats ou deux jeunes chiens provenant de la même mère, et aussi semblables que possible ; avec un peu d'attention, vous découvrirez toujours en eux quelque petite différence, qui s'accentuera davantage encore avec le temps.

Le principe de la variabilité est une des grandes assises sur lesquelles s'appuie le transformisme. Cette variabilité s'exerçant sur une famille organique, végétale ou animale, arrive, après des siècles nombreux et de nombreuses générations, à produire, de modifications en modifications, des rejetons dont les formes diffèrent complètement de celles de leurs premiers parents. Ce principe vient d'être démontré mathématiquement par un savant belge, M. Delbœuf, qui lui a appliqué une formule algébrique (1).

3° Enfin, la Sélection Naturelle, conception originale de Darwin, complète la théorie du

(1) Delbœuf, *Revue scientifique*, p. 669, N° du 13 janvier 1877. — Giard, *Revue scientifique*, N° du 10 février 1877.

transformisme. Elle repose sur ce fait que, de tous les êtres qui viennent à la vie, un petit nombre est appelé à fournir sa carrière, un bien plus grand nombre étant voué fatalement à une extinction prématurée par suite soit du défaut de subsistances, soit des conditions défavorables des milieux ambiants ou de toute autre cause. C'est ce que l'éminent naturaliste anglais appelle la *survivance du plus apte* dans la concurrence de la vie ou dans la lutte pour l'existence.

Or, Darwin a démontré que, dans ce combat pour l'existence, les êtres qui survivaient étaient les plus robustes et les mieux armés, ceux qui avaient acquis, par l'effet du temps, des milieux, etc., un avantage, si léger qu'il fût, sur leurs frères, une différence plus heureuse de formes leur assurant une supériorité de fonctionnement. Il a donné à cet ensemble de faits le nom de *sélection naturelle*, qui signifie le choix, le tri que semble faire la nature en conservant les organismes les mieux doués et en abandonnant les autres aux diverses causes de destruction.

Cet acte lent de la nature, l'homme l'a imité, d'une manière hâtée, par la *sélection artificielle*, dans l'élève des animaux domestiques et dans la culture des plantes. Sacrifiant les sujets les plus faibles, choisissant les plus forts et les plaçant par l'alimentation, les croisements et mille soins divers dans des conditions exceptionnellement favorables, il est parvenu à créer des variétés ou des races nouvelles de plantes ou d'animaux, se distinguant de leurs premiers parents et bien supérieurs à eux.

C'est donc la sélection naturelle qui fait que les êtres organisés ne peuvent se maintenir et se développer qu'à la condition de conquérir une suprématie sur leurs congénères, un avantage de formes et de fonctions qui, les élevant au-dessus de leurs ancêtres, les rende, à travers la série des siècles, différents et plus perfectionnés qu'eux.

Résumons, avant d'aller plus loin, les trois principes qui servent de bases au transformisme :

Par le principe de variabilité, les êtres se modifient, en bien ou en mal, sous l'influence des milieux ambiants, des climats, de l'habitude, de l'adaptation, des croisements, des anomalies, etc.

Par le principe d'hérédité, les modifications acquises, bonnes ou mauvaises, se transmettent et se perpétuent.

Par la sélection naturelle, les modifications heureuses sont seules conservées ; les organismes les mieux doués, ceux qui ont acquis ces modifications heureuses, survivent seuls ; les autres succombent dans la lutte pour l'existence.

Le perfectionnement et le progrès sont donc la conséquence forcée de ces trois principes.

Tel est le darwinisme dans son exposé le plus simple.

Cette théorie si séduisante, née d'hier à peine, marche à pas de géants et est presque généralement admise aujourd'hui. Donnant une solution satisfaisante et rationnelle des questions que les autres théories sont impuissantes à résoudre, elle renverse toutes les idées anciennes. Par le transformisme, en effet, nous expliquons d'une façon naturelle l'apparition successive sur la terre d'êtres de plus en plus perfectionnés sans avoir recours à l'intervention miraculeuse d'un Créateur. Nous expliquons également l'extinction naturelle et périodique de certaines familles végétales et animales, et cela lentement, sans secousse, par le fait seul de leurs désavantages dans le combat pour la vie, et sans avoir à invoquer des cataclysmes généraux et le secours d'un Dieu qui se plaît à anéantir ses œuvres pour les recommencer sous de nouvelles formes.

Dans la théorie transformiste, il est une chose qu'il ne faut pas perdre de vue, c'est que le plus grand auxiliaire des transmutations organiques est le temps. Aussi, quand nous avançons que le premier organisme rudimentaire apparu sur le globe est l'ancêtre de l'homme, sachons bien que la nature n'a pas sauté brusquement de l'un à l'autre, et qu'un nombre considérable de siècles a été nécessaire pour opérer la plus légère modification, le plus léger progrès dans cette œuvre d'évolution : ce n'est que très-lentement que ce premier type organique a passé par des formes de plus en plus perfectionnées. Si l'on se rend bien compte de ce long travail de la nature, l'esprit acceptera facilement notre théorie. Les auteurs ont tracé l'arbre généalogique du règne animal. En parcourant attentivement la succession croissante des modifications et des perfectionnements que conquiert pas à pas la série zoologique dans sa gradation, on ne trouve rien de choquant dans les transformations qu'elle subit : tout, au contraire, y est naturel.

Les adversaires du darwinisme objectent, il est vrai, que bien des formes intermédiaires ou transitoires, bien de ces anneaux qui doivent relier la longue chaîne qui va du protozoaire à l'homme n'existent pas, et ils invoquent ce fait pour repousser la théorie tout entière. Mais ces lacunes, quoique fréquentes, se comblent de plus en plus. Un certain nombre, en effet, de ces formes intermédiaires sont déjà découvertes, et nos musées paléontologiques, si nouveaux encore, s'en enrichissent chaque jour davantage. Ainsi, notre *cheval*, dont j'ai déjà parlé, est un animal uniungulé descendant d'un vieil ancêtre triungulé, l'*anchitérion*, depuis longtemps éteint. Celui-ci, par transformation et atrophie des deux doigts latéraux, a donné naissance à un type intermédiaire, l'*hipparion*, et l'hipparion, à son tour, par la soudure de ces doigts atrophiés au doigt moyen, est devenu le véritable aïeul direct de notre solipède, le cheval actuel. Le naturaliste qui ignorerait la forme transitoire de l'hipparion aurait de la peine à faire dériver le cheval de l'anchitérion. Dans ces dernières années, deux nouvelles découvertes fossiles sont venues constituer le pont qui relie, dans leur descendance, les reptiles aux oiseaux : l'*archæoptéryx*, vertébré à queue de reptile et à plumes d'oiseau, rencontré dans le calcaire de Solenhofen, en Bavière, et l'*ornithodonte*, oiseau muni de dents, trouvé dans l'argile de Londres.

L'embryogénie elle-même vient nous appor-

ter des arguments en faveur de la théorie transformiste. L'embryon humain n'est d'abord
qu'une simple cellule analogue à celles qui
constituent les organismes primordiaux ; puis,
c'est un œuf semblable à l'œuf des animaux
inférieurs, des insectes, etc. Dans les premiers
jours, il a des branchies comme les poissons ;
à ce moment, on ne peut distinguer l'embryon
de l'homme de celui d'un reptile, d'un oiseau
ou d'un chien. Dès les premières semaines, il
porte, comme les mammifères supérieurs, une
queue qui s'atrophiera bientôt : alors seulement
il est fœtus humain. Aussi, l'on a pu dire avec
raison que l'homme, dans son évolution em-
bryogénique, offre en raccourci, en miniature,
le tableau du développement du règne animal
tout entier.

Je me souviens d'avoir vu dans une teintu-
rerie un phénomène qui, bien qu'étant d'un
genre différent, donne une idée juste du transformisme et en rend la conception facile. Sur
une bobine est enroulé un long ruban de soie
teint des couleurs de l'arc-en-ciel avec leurs
mille nuances intermédiaires, commençant par
le violet et suivant l'ordre du spectre solaire.
Quand on développe lentement ce ruban pour
l'enrouler sur une seconde bobine placée à quelques centimètres de la première, la vue passe

insensiblement d'une teinte à celle qui lui succède, et l'on est tout étonné qu'étant parti du violet on soit arrivé au rouge, sans que l'œil ait pu saisir la moindre transition d'une nuance à une autre.

De même, quand nous ne voyons que les deux termes extrêmes de la série zoologique, d'un côté la monère, de l'autre l'homme, sans considérer les anneaux intermédiaires qui les relient, notre esprit a de la peine à comprendre que l'un dérive de l'autre. Quand par exemple, nous voyons chez l'être humain un appareil digestif si complexe, des appareils circulatoire et respiratoire aussi développés, un système nerveux si admirablement organisé, des fonctions aussi élevées que celles de l'intelligence et de la pensée, et que, négligeant toutes les formes transitoires qui sont en dessous, nous n'envisageons que la monère, il nous est bien difficile d'admettre que celle-ci soit le point de départ d'un organisme aussi parfait que celui de l'homme.

Eh bien! la paléontologie, l'anatomie comparée, la physiologie, toutes les sciences biologiques, en un mot, en nous montrant les mille chaînons qui unissent la monère à l'homme, nous font assister à l'origine de tous les tissus, de tous les systèmes, de tous les appareils organiques, et cela sans transition brusque, lentement, progressivement, d'une manière imperceptible, et elles nous rendent familier le mécanisme du transformisme.

C'est ainsi, par exemple, que l'on voit apparaître le premier élément contractile sous la forme de sarcode ; il devient plus tard fibre lisse contractile et enfin fibre musculaire striée proprement dite. C'est de là que naît le système musculaire avec toute sa complexité.

Le tube digestif, simple renflement uniloculaire chez les animaux inférieurs les plus imparfaits, s'allonge ensuite, se parsème d'ampoules, de cavités, etc., et se complète par des annexes glandulaires qui, d'abord diffuses et disséminées dans les parois, quelquefois représentées par de simples cellules, deviennent des organes des plus complexes du corps.

La circulation, confondue avec la digestion, s'en distingue bientôt. Nous voyons d'abord un liquide unique, tenant lieu chez le même animal de la lymphe et du sang ; puis, le sang se différencie de la lymphe elle-même ; l'appareil se complique par la distinction qui s'établit entre le sang rouge et le sang noir, etc.

Le système nerveux, d'abord rudimentaire, représenté par quelques cellules nerveuses diffuses et quelques fibres nerveuses embryonnaires, va en se perfectionnant; plus tard, se forment des renflements ganglionnaires, sorte de cerveaux diffus; enfin le système cérébro-spinal si admirable se surajoute au tout et le complète.

Les organes des sens naissent et se développent parallèlement à la complication du système nerveux. Rudimentaires et imparfaits dans le principe, ils finissent par arriver à ce perfectionnement si grand, à cette harmonie si parfaite que l'on veut, à tout prix, en faire l'œuvre d'une intelligence supérieure.

En même temps que le système nerveux se développe et se perfectionne, ses fonctions se développent aussi corrélativement. Il y a, au début, sensation vague dont le témoignage ne se manifeste que par des mouvements réflexes. D'abord inconsciente, la sensation, par l'habitude et par suite du perfectionnement des centres nerveux, devient plus tard consciente et est suivie de mémoire et du phénomène de l'association des idées.

Sous l'influence des stimulants extérieurs, les centres nerveux excités emmagasinent les impressions reçues, les comparent entre elles et arrivent ainsi à former la notion du plaisir ou de la douleur, suivant que ces impressions reçues ont été agréables ou pénibles aux extrémités nerveuses périphériques.

C'est par ce procédé que se forme la mémoire. Cette impression d'une sensation souvent répétée donne à la cellule ou aux cellules qui l'emmagasinent une habitude, une manière d'être et de fonctionner qui la porte ou les porte à être plus sensibles à cette espèce d'excitation, à la conserver plus longtemps et à la reproduire plus facilement.

Enfin, tous ces phénomènes nerveux, en se combinant de mille et mille manières, ont donné naissance aux manifestations multiples de l'intelligence et de la pensée.

Je n'ai point la prétention d'expliquer tous ces actes encéphaliques, mais les progrès chaque jour plus grands de la physiologie du cerveau, et surtout l'étude déjà si avancée des localisations cérébrales en rendront prochainement la compréhension plus nette. Je veux seulement faire entrevoir ici comment ces phénomènes complexes, dont nous ne connaissons pas encore tout le mécanisme, sont susceptibles d'une interprétation rationnelle et scientifique sans que nous ayons à recourir à l'invention et à l'intervention d'une âme, de quelque chose d'invisible, d'impalpable, d'immatériel et d'incompréhensible.

Tel est le résumé succinct de la théorie transformiste et darwinienne, l'une des plus importantes conquêtes scientifiques modernes. En démontrant la descendance de l'homme des organismes primitifs, elle a porté le plus rude coup aux doctrines spiritualistes et a puissamment contribué à faire accepter notre matérialisme.

V.

VIE. — AME.

Au point où nous sommes de cette étude, quelques mots suffiront pour exposer comment les matérialistes comprennent la *vie* et *l'âme.*

« La vie est un double mouvement de composition et de décomposition continuelles et simultanées au sein de substances plastiques (*liquides tels que sang et lymphe*) ou d'éléments anatomiques figurés (*tissus organiques*) qui, sous l'influence de ce mouvement intime, fonctionnent conformément à leur structure (1). »

La vie, une fois commencée sur notre globe, n'a plus été interrompue. Elle s'entretient, chez l'individu, par des actes de nutrition, c'est-à-dire d'assimilation et de désassimilation; et dans l'espèce, par l'acte de la génération.

Tous ces actes ne sont, en dernière analyse, qu'une série d'actions et de réactions physico-

(1) La *Biologie*, par le Dr LETOURNEAU, page 38.

chimiques qui ne prennent fin que lorsqu'un ou plusieurs de leurs éléments font défaut. Quand ces phénomènes cessent chez un individu, c'est la mort de l'individu : quand ils cessent dans une famille ou une race, c'est l'extinction de cette famille ou de cette race. Mais chez les deux, individu ou race, la mort est complète : ils meurent tout entiers.

Ce qu'on appelle âme n'existe pas, pour le matérialiste, en tant que partie distincte du corps. Elle n'est autre que le fonctionnement des organes.

L'âme, mot vague et indéterminé qui doit disparaître du vocabulaire matérialiste, est, pour nous, à la fois :

1° La vie en général, c'est-à-dire la série des phénomènes physico-chimiques de composition et de décomposition qui s'opèrent dans nos tissus.

2° Les facultés intellectuelles ou la raison qui les résume en quelque sorte, c'est-à-dire le fonctionnement du cerveau consistant dans un mouvement particulier de ses molécules.

3° La conscience, qui n'est autre que la raison appliquée aux choses de la morale et, comme elle aussi, un acte cérébral.

Ainsi comprise, l'âme est subordonnée au système nerveux central ; elle dépend de lui.

Elle commence, croît, décline et finit avec lui. La pensée, la mémoire, le jugement, l'imagination, la conscience et, en un mot, toutes les facultés intellectuelles et morales, ne sont que des fonctions de l'encéphale suivant, dans leur développement ou leur perfectionnement, le développement et le perfectionnement de l'organe encéphalique lui-même.

Et comment en serait-il autrement?

Si vous admettez que l'âme est quelque chose de supérieur, une émanation de la Divinité, destinée à régler nos organes et à diriger nos pensées, comment se fait-il que cette partie si sublime cesse de fonctionner quand le moindre agent extérieur vient troubler notre organisme? Pourquoi ne réagit-elle pas alors et ne commande-t-elle pas d'une manière absolue? Pourquoi n'ordonne-t-elle pas des actes intellectuels et moraux toujours irréprochables?

L'âme, au lieu d'être la souveraine, est la sujette du corps. Pour nous, ce n'est point l'âme qui anime notre matière, mais bien notre matière, notre corps qui entretient la vie et la pensée. Et c'est à ce point de vue que nous pouvons dire, contrairement aux spiritualistes, que l'âme est mortelle et la matière éternelle.

VI.

LIBRE ARBITRE.

Si l'homme n'est qu'un agrégat matériel subissant incessamment des transformations chimiques ; si sa pensée n'est que le résultat du fonctionnement de son cerveau, il suit de là que ses actes, résultat de ses pensées, sont toujours subordonnés à la manière d'être de son cerveau et ne sont jamais libres.

Le matérialisme scientifique, en effet, nie le libre arbitre.

Une question aussi grave et aussi controversée a besoin de grands développements. Posons la d'abord clairement.

L'homme a-t-il le choix *libre* de ses actes ?— Ou bien, ses actes sont-ils *forcés* et soumis à l'état d'organisation ou de fonctionnement de son cerveau ?

Écartant momentanément les mots de *liberté* et de *libre arbitre* qui embrouillent notre sujet et que nous reprendrons plus tard, nous répondons en précisant les choses :

L'homme, à un moment donné, en face d'un acte à accomplir, n'a pas le choix de le faire dans un sens ou dans un autre : il l'accomplira forcément dans un sens ou forcément dans un autre. Et restant dans les mêmes conditions organiques, il l'effectuera toujours dans le même sens, deux fois, trois fois, cent fois, un million de fois de suite. En exécutant cet acte, il obéit nécessairement, irrésistiblement à la disposition actuelle de son cerveau, ou, si l'on veut, à des stimulants, à des motifs qui ont leur siége, comme nous le verrons plus tard, dans les cellules cérébrales. En un mot, dans l'accomplissement de tout acte, l'homme obéit et ne commande pas.

L'homme n'a pas plus le choix d'agir d'une manière ou d'une autre que l'estomac n'a le choix de digérer d'une façon ou d'une autre, ou le rein de sécréter telle ou telle urine : pas plus que la balance (libra) n'a le choix de pencher à droite ou à gauche, ou le thermomètre de marquer telle ou telle température.

Le cerveau est un organe comme l'estomac et le rein ; il est un instrument comme la balance et le thermomètre. De même que la balance penchera forcément du côté du poids le plus lourd, de même que l'appareil digestif transformera forcément et toujours les aliments

féculents en glucose et les aliments azotés en
albuminose ; de même aussi, le cerveau com-
mandera toujours et forcément l'exécution d'un
acte dans le sens vers lequel le solliciteront les
stimulants ou les motifs les plus puissants.

Continuons notre comparaison. Étant donné
un aliment usuel dont l'analyse est bien connue
et bien précisée, un physiologiste savant qui
connaîtrait toutes les conditions complexes de
l'organisme d'un individu, serait à même de
dire *à priori* exactement quelle quantité de cet
aliment sera assimilée par celui-ci, quelle autre
éliminée, quelle proportion fera de la lymphe
et du sang et quels éléments passeront dans ses
urines, ses sueurs, les divers émonctoires de
son économie, etc.

De même, si nous pouvions, chez tel homme,
savoir les dispositions anatomiques et physio-
logiques si compliquées de son cerveau, à un
moment donné, nous serions capables de dire
d'avance comment il accomplira tel acte qui se
présente à lui dans des conditions déterminées.

Et même, jusqu'à un certain point et dans
de certaines limites, ne nous arrive-t-il pas de
préjuger un acte cérébral comme nous préju-
geons un acte organique quelconque ? Quand
nous ingérons un aliment azoté, nous savons
sûrement qu'il se transformera en albuminose

et non en glucose : l'observation nous l'a appris. De même, quand nous voyons un homme mis en présence d'un vol à accomplir, si nous savons par expérience que cet homme, en mille occasions semblables, n'a jamais volé, qu'il a toujours obéi dans ses actes à des pensées d'honneur et de probité, nous disons à coup sûr qu'il reculera devant cette mauvaise action.

Ainsi, pour le matérialiste, répétons-le, l'homme n'a pas le choix de ses actes ; il ne possède pas le libre arbitre. Ses actes sont toujours forcés, nécessités et dépendent de l'état de son cerveau au moment où il les exécute. Exemples : je ne suis pas libre de tuer ; je ne suis pas libre de voler ; je ne suis pas libre de manger ; je ne suis pas libre d'aller à Lille ou à Valenciennes ; je ne suis pas libre de prendre un volume dans ma bibliothèque ; je ne suis pas libre d'élever mon bras droit plutôt que mon bras gauche, etc. — Non assurément. Je tuerai ou je volerai forcément si les motifs qui m'y poussent sont plus puissants que ceux qui me retiennent. Je mangerai forcément si les motifs qui m'y déterminent sont plus impérieux que ceux qui m'ordonnent l'abstinence. J'irai forcément à Valenciennes si des motifs m'y appellent plutôt qu'à Lille. J'élèverai forcément mon bras droit si les motifs qui m'y sollicitent l'emportent sur ceux qui me sollicitent à élever le gauche.

La question du libre arbitre ainsi exposée, peut-être un peu longuement, il nous reste à l'élucider.

Pour cela, il est nécessaire de jeter un coup d'œil sur l'anatomie et les fonctions du système nerveux central (1).

Tout acte, c'est-à-dire tout mouvement, nécessite les organes suivants :

1° *Un nerf centripète, sensitif*, tube nerveux de substance blanche, chargé de transmettre l'impression extérieure au centre nerveux dans lequel il immerge.

2° *Un centre nerveux*, composé de cellules de substance grise, qui reçoit la sensation et ordonne ou détermine le mouvement.

3° *Un nerf centrifuge, moteur*, tube nerveux de substance blanche, émergeant du centre et transmettant le mouvement aux muscles.

Telle est *l'action réflexe* dans toute sa simplicité.

(1) Dans tout ce qui va suivre, je me suis inspiré de l'excellent ouvrage de HERZEN, *Physiologie de la Volonté*, dont je recommande fortement la lecture.

Exemple : Vous touchez ma main avec un fer rouge ; immédiatement je la retire. Que se passe-t-il? Une sensation de brûlure se transmet par un nerf centripète CP à une cellule grise *cg ;* celle-ci ordonne le mouvement de recul de ma main, lequel mouvement est transmis par un nerf centrifuge CF. Et le mouvement est d'autant plus énergique que la sensation de brûlure a été plus vive (fig. I). Dans cet exemple, la sensation venant directement d'une impression extérieure ou d'un objet extérieur est dite *directe* ou *objective.*

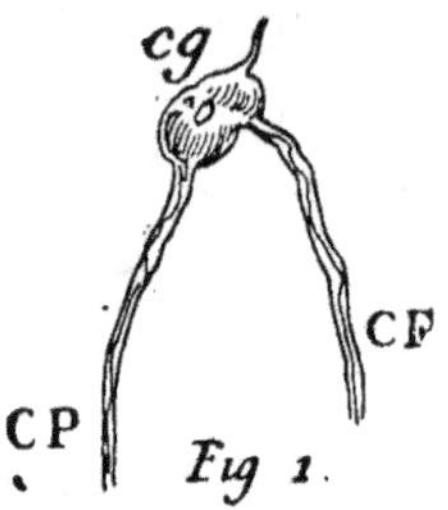

C P nerf centripète.
c g cellule centrale grise.
C F nerf centrifuge.

Ainsi, impression reçue du dehors et transmise par les nerfs sensitifs au centre nerveux encéphalique, réflexion de cette impression sur les nerfs moteurs et mouvement exécuté par les muscles, voilà l'acte réflexe. C'est le mécanisme de toute la vie de relation. Cet acte réflexe le plus élémentaire est le type de nos actions les plus complexes. « Une action, quelle qu'elle soit, est invariablement le résultat d'une sensation directement perçue et l'effet est toujours proportionné à l'intensité de la cause ou à la résultante des causes, s'il en est plus d'une (1). »

Mais le centre nerveux, dans sa structure comme dans ses fonctions, n'est pas toujours aussi simple que peut le faire supposer l'exemple cité plus haut. Ce centre nerveux, en effet, est composé d'un nombre infini de cellules de substance grise, formant un tout dans lequel viennent se perdre et se confondre les extrémités centrales de tous les nerfs immergents ou sensitifs et émergents ou moteurs. Ces cellules grises ont deux propriétés importantes: la première, d'être *conscientes*, c'est-à-dire de reconnaître si la sensation qu'elles reçoivent est plaisir, douleur ou indifférence. Leur deuxième propriété (essentielle à noter ici) est de retenir un certain temps la sensation éprouvée, de la recueillir, de l'*emmagasiner*, en quelque sorte.

En outre, toutes ces cellules centrales émettent dans diverses directions des prolongements, de même substance qu'elles, se ramifiant à l'infini et les faisant communiquer toutes les unes avec les autres, directement ou indirectement, de telle sorte qu'une excitation venue du dehors à l'une d'elles peut se propager

(1) HERZEN, *Physiologie de la Volonté,* page 33.

de proche en proche à une cellule plus éloignée et y réveiller une sensation ancienne qui y a été emmagasinée. Cette sensation *indirecte* ou *subjective*, appelée aussi *souvenir, image, idée, motif* déterminera le mouvement réflexe comme si cette dernière cellule elle-même recevait directement et immédiatement la sensation extérieure.

Exemple : Vous approchez un fer rouge de ma main ; la vue seule de ce fer suffira pour que je la retire. Que s'est-il passé ? La présence du fer rouge devant mes yeux a, par l'entremise du nerf optique (nerf centripète CP), déterminé une sensation sur la cellule centrale *cg* qui est directement en rapport avec ce nerf. Puis, cette sensation, en se transmettant de proche en proche à des cellules voisines, a réveillé dans l'une de ces dernières *c'g'* la sensation subjective déjà emmagasinée, le souvenir ou l'idée de la douleur que cause une brûlure, et y a déterminé, au moyen d'un nerf centrifuge CF, le mouvement par lequel je retire ma main (fig. II).

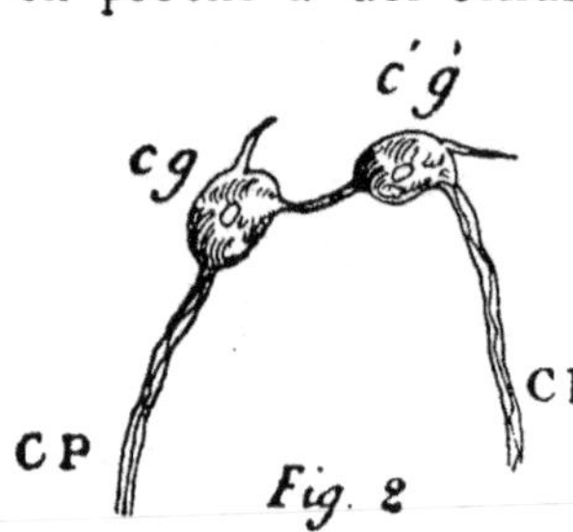

C P nerf centripète.
c g, c'g' cellules centrales grises.
C F nerf centrifuge.

A un degré plus élevé de la physiologie cérébrale, il peut se faire qu'une excitation venue du dehors, en se communiquant de proche en proche aux cellules voisines, rencontre, chemin faisant, dans ces dernières, des traces de sensations passées, des souvenirs ou des idées de nature à renforcer, affaiblir ou modifier l'excitation première. On comprend ainsi facilement combien l'acte final, la réaction, sera influencé par la rencontre plus ou moins nombreuse et complexe de ces souvenirs ou de ces images et pourra se traduire sous une forme tout-à-fait en disproportion avec la cause première qui a provoqué toute la série des phénomènes.

Exemple : Vous approchez un fer rouge de ma main dans le but de guérir une plaie. Je retire d'abord la main, j'hésite, puis définitivement je l'avance pour me laisser cautériser. Ici, les phénomènes nerveux sont plus compliqués. La vue du fer rouge a, comme dans l'exemple précédent, réveillé de proche en proche dans une des cellules nerveuses voisines $c'g'$ l'idée ou le souvenir de la douleur causée par la brûlure; d'où, mouvement d'hésitation et de recul de ma main. Puis, cette idée de douleur a réveillé, à son tour, dans une cellule plus

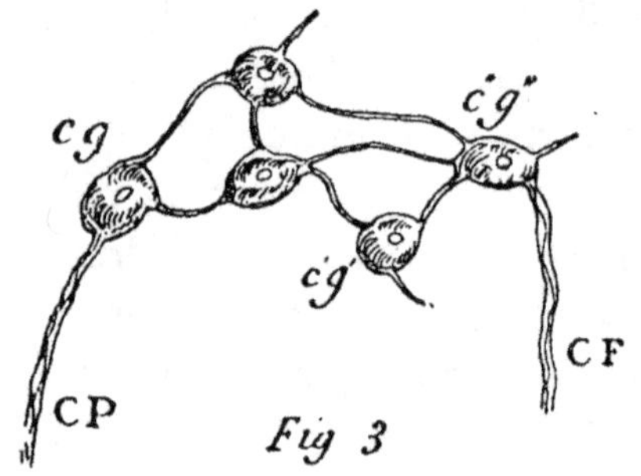

CP nerf centripète. — *c g, c'g', c"g"* cellules centrales grises. — *C F* nerf centrifuge.

éloignée *c"g"* l'idée de la guérison possible par la cautérisation. Cette dernière excitation (l'idée de la guérison) ayant été plus forte que la crainte de la douleur, a déterminé, au moyen du nerf centrifuge *CF*, le mouvement de ma main au devant du fer rouge (fig. III).

Tel est le mécanisme de l'action nerveuse. Tout acte, simple ou composé, se réduit donc à un phénomène réflexe et le mouvement se trouve toujours en rapport avec la sensation ou avec la plus forte des sensations éprouvées. « L'encéphale *pèse* donc les diverses impressions perçues, les multiples images éveillées, et, selon la plus ou moins grande intensité des unes et des autres, il transmet l'excitation aux nerfs moteurs et détermine l'action (1). »

Après cet aperçu anatomo-physiologique sur les centres nerveux, la question du libre arbitre se trouve éclaircie.

(1) HERZEN, *Physiologie de la Volonté*, page 36.

Nos actes, quels qu'ils soient, simples ou complexes, modestes ou sublimes, sont toujours, avons-nous dit, le résultat de sensations externes, ou de sensations internes (pensées ou motifs).

Selon la résultante de ces motifs, nous agirons dans un sens ou dans un autre, mais toujours, et dans tous les cas, nos actes seront *déterminés*, *nécessités* par les motifs les plus puissants.

Si nos actes sont nécessités, ils ne sont donc pas libres. Donc, ce qu'on appelle le *libre arbitre*, le *libre choix*, la *liberté individuelle* de nos actes n'existe pas. C'est une illusion, comme nous le verrons plus tard, de croire à cette prétendue liberté.

Vous vous récriez, et vous dites : cependant je suis bien libre de faire telle ou telle chose. Analysons quelques-unes de nos actions, des moins importantes aux plus sérieuses, et nous constaterons que nous ne sommes pas libres.

Premier exemple : Je suis assis sur une chaise prêt à me lever, suis-je libre de partir du pied droit ou du pied gauche ? Vous dites *oui*. Je réponds *non*.

A priori, les motifs qui me déterminent à partir du pied droit ou du pied gauche sont à peu près aussi puissants les uns que les autres et semblent se balancer. Mais si je fais un examen plus attentif de moi-même, je reconnaîtrai bientôt qu'il y a un motif qui déterminera mon mouvement dans un sens plutôt que dans un autre, et ce motif sera soit ma position du moment qui me rend plus gênant le mouvement à droite ou à gauche, soit l'habitude qui m'a rendu plus facile le départ sur tel ou tel pied, soit toute autre chose. Ici, l'acte est insignifiant : sa nécessité et la non existence de notre liberté éclatent moins aux yeux. Mais passons à d'autres cas.

Deuxième exemple : Vous êtes libre, dites-vous, de vous jeter par la fenêtre, si vous le voulez. Je le nie.

Essayez donc. Vous n'essaierez pas, car la crainte de vous casser la jambe ou le cou sera un motif suffisant pour vous déterminer à vous abstenir. Votre abstention sera forcée. Votre acte n'est donc pas libre.

Troisième exemple : Êtes-vous libre de dérober quelque chose à votre voisin ? Je réponds *non* à coup sûr, moi qui vous connais pour un honnête homme.

Le sentiment de la probité est tel chez vous qu'il vous empêchera de voler : et ce motif est

si puissant que, seriez-vous dix fois, cent fois,
mille fois en présence d'un vol à commettre,
jamais vous ne le commettriez. Votre abstention,
ici encore, est chose forcée.

Ces différents exemples nous dispensent d'en
choisir d'autres. Tous nous entraînent à la
même conclusion que *nos actes ne sont pas libres*.

D'où vient donc l'illusion par laquelle nous
croyons posséder le libre arbitre?

L'*illusion* du libre arbitre, du libre choix des
motifs qui précèdent un acte, vient de ce que
les motifs qui influencent, en vue de cet acte,
les cellules nerveuses centrales, s'y pressent en
foule et luttent ensemble. Nous avons la conscience de ces motifs et de cette lutte, mais nous
ne prévoyons pas encore de quel côté sera la
victoire. Nous pressentons que toutes les solu-
tions sont possibles, mais sans savoir encore
celle qui sera imposée. C'est cette conscience
du moment indécis, du moment qui précède
la solution; c'est cette conscience de la possibilité de l'accomplissement de l'acte dans un
sens ou dans un autre qui nous fait croire que
nous sommes libres de l'exécuter ou de nous
abstenir.

Et cela est tellement vrai que, dans les actes
où les motifs sont d'égale force et se com-

battent, où notre indécision à nous prononcer dans un sens ou dans un autre est la plus longue, nous proclamons hautement notre libre arbitre. Et au contraire, dans ceux où un motif très-puissant supprime d'emblée toute hésitation et entraîne une prompte détermination, nous revendiquons moins hautement et même nous rejetons la liberté de nos actions.

Ainsi, reprenons les exemples cités. *Êtes-vous libre de vous lever de votre chaise du pied droit ou du pied gauche?* Dans ce cas où, les motifs s'équilibrant, l'hésitation dure plus ou moins longtemps, vous affirmez votre libre arbitre. Et dans cet autre : *Êtes-vous libre de dérober à votre voisin?* où votre résolution est promptement prise, vous niez votre liberté et vous dites : non, je ne suis pas libre de devenir un scélérat.

De même encore, quand nous voyons un homme, honnête jusque-là, commettre un crime, nous disons *cet homme est fou* ou bien *il n'a certainement pas été libre de son action.* Et nous nous gardons bien de revendiquer pour lui cette liberté que nous considérons comme tout à fait étrangère à son acte.

Et dès lors, qu'est-ce que ce libre arbitre, ce libre choix, cette liberté dont nous ne sommes jaloux que pour des faits insignifiants et que nous repoussons dès que nos actions ont une certaine importance? N'est-ce point là la condamnation du libre arbitre ?

Les exemples suivants sont de nouveaux arguments contre cette prétendue liberté.

Voici un homme réputé idiot : il commet un crime. Vous admettez et vous dites qu'il n'a pas le libre arbitre.

Voilà un autre homme dit raisonnable : il commet le même crime. Vous dites qu'il a le libre arbitre.

Pourquoi cette différence? Quant à moi, je suis en droit de croire que, chez ces deux hommes accomplissant le même acte, il a dû se passer le même phénomène cérébral psycho-physiologique qui les a forcés à l'exécuter, et, par conséquent, je leur refuse à l'un et à l'autre le libre arbitre. Vous, vous n'êtes pas logiques, puisque vous le refusez à l'un et l'accordez à l'autre.

Mais, dites-vous, nous jugeons que le premier homme (l'idiot) n'a pas son libre arbitre, parce que tous ses actes sans exception sont constamment les mêmes, constamment déraisonnables. — C'est donc, pour vous, cette constance, cette régularité, cette mono-tonie, en quelque sorte, dans les actes, qui constituent la non existence du libre arbitre. Mais alors votre conclusion doit s'appliquer à l'homme dit raisonnable qui exécuterait avec la même constance, la même régularité et la même monotonie des actes toujours sensés, et vous devriez dire également de lui qu'il ne possède pas le libre arbitre (1).

Que si vous dites encore: nous jugeons que le deuxième homme (le raisonnable) a son libre arbitre parce qu'il exécute des actes tantôt sensés et tantôt immoraux ou criminels, je répondrai que vous devez restituer alors le libre arbitre à l'idiot qui entremêlerait ses actions insensées d'actions raisonnables.

Toutes ces contradictions de votre part sont autant de condamnations du libre arbitre.

Du moment que nos actes ne sont pas libres, du moment qu'ils sont toujours nécessités par une certaine somme de motifs, la conséquence logique est que nous n'avons ni *mérite* ni *démérite* dans leur accomplissement.

En effet, de même que nous n'accordons

(1) Cette conclusion est, en effet, la plus juste et la plus rationnelle. Quand un honnête homme fait mille fois de suite le même acte toujours moral, pouvez-vous admettre que, dans l'accomplissement en quelque sorte fatal de cet acte dans le sens du bien, il ait la liberté du choix ? Pouvez-vous admettre que, sur ces mille fois, il ne s'en trouvera pas une seule, au moins, où cet acte soit exécuté dans le sens du mal ?

aucun mérite à l'oiseau qui nous charme de ses mélodies ou à l'abeille qui nous fabrique un miel délicieux, et aucun démérite à l'âne qui nous ennuie de son braiement ou au serpent qui nous tue de sa piqûre ; de même nous ne devons accorder aucun mérite à un chanteur, à un peintre, à un orateur, pas plus que nous ne songeons à dire qu'il a démérité celui qui n'est ni chanteur, ni peintre, ni orateur. C'est par une confusion de langage et une fausse application des mots qu'on dit : un tel a du mérite ou du démérite. Cela signifie seulement que son acte est beau ou laid, bon ou mauvais, utile ou nuisible.

Et s'il n'y a dans nos actes ni mérite ni démérite, une nouvelle conclusion à tirer est que nous n'avons droit ni à des *récompenses* ni à des *punitions*.

La seule récompense comme la seule punition de nos actions se trouvent tout entières dans la sensation interne qui accompagne leur accomplissement. Nous éprouvons une sensation de bien être, une satisfaction intérieure après une bonne action ; nous éprouvons, au contraire, après une mauvaise, un sentiment de malaise ou de douleur.

Ce phénomène a besoin d'être analysé pour être bien compris.

Bien que nos actes ne soient pas libres, ils ne perdent pas pour cela leur caractère particulier : ils sont bons ou mauvais, moraux ou immoraux. Et nous portons un jugement sur nos propres actions, comme nous le portons sur les actions d'autrui : nous les proclamons bonnes ou mauvaises.

Eh bien ! que se passe-t-il en nous quand nous avons accompli un acte quelconque ? Si notre jugement nous dit que l'acte est bon, nous ressentons une satisfaction intérieure. Si notre jugement le proclame mauvais, nous éprouvons un malaise intérieur (1). Je compare ces sensations particulières de bien être et de souffrance à celles qui accompagnent les actes physiques de notre organisme, selon qu'ils s'achèvent normalement ou qu'ils sont entravés par une cause quelconque. Ainsi l'acte d'uriner,

(1) J'insiste à dessein sur le mot *jugement*. Il n'est pas toujours nécessaire, en effet, que l'acte soit bon ou mauvais en lui-même pour que l'on ressente du plaisir ou de la peine dans son accomplissement. Il suffit qu'il soit jugé tel par son auteur. Charlotte Corday qui assassine Marat, le sauvage qui tue et mange son vieux père infirme croient faire une bonne action et en éprouvent de la joie. D'où cette conclusion que je ne saurais trop répéter : nous devons travailler à conquérir la notion du bien et nous ne la trouverons que dans un code perfectionné d'éducation et d'instruction morales, œuvre et résultante de l'expérience accumulée des peuples et des philosophies.

qui est sollicité par un besoin physique, est accompagné d'une sensation de bien-être quand il est satisfait. Mais qu'une cause accidentelle, interne ou externe, vienne détourner la miction de son accomplissement naturel, soit en la retardant, soit en l'arrêtant, aussitôt nous éprouvons de la souffrance. Acte psychique ou acte organique, tous deux ont ce point commun. La nature du plaisir ou de la souffrance diffère seule et est en rapport avec la nature de l'acte.

Poursuivons plus avant cette analyse de nous-mêmes.

Quand nous accomplissons une action mauvaise, le jugement que nous portons sur elle et le sentiment de malaise qui en résulte tendent à réveiller dans les cellules nerveuses centrales d'autres motifs ou d'autres stimulants qui, s'ils s'y rencontrent suffisants ou suffisamment puissants, sont de nature à nous faire revenir sur notre première action, à la modifier et à changer ce mal en bien et, par suite, notre sensation pénible en sensation agréable.

Un exemple est nécessaire pour faire comprendre ce phénomène complexe.

Je suis appelé près d'un malade. Les motifs qui me poussent à partir ou à rester luttent dans mon cerveau. En toute circonstance, je cours vers les malheureux. Aujourd'hui le stimulant qui me pousse au bien est *insuffisant ;* les motifs (fatigue ou autre chose) qui me déterminent au mal sont les *plus forts.* Je me décide donc à rester chez moi. Mais ma raison apprécie mon acte et le juge mauvais : et ce jugement (dont le siége est dans des cellules cérébrales) tend à réveiller dans les cellules voisines de nouveaux motifs plus puissants pour m'entraîner au bien. Vainement. Les motifs vers le mal l'emportent et je consomme l'acte blâmable de ne point visiter mon malade. Aussitôt j'éprouve une sensation intérieure de douleur.

Admettons la solution opposée, j'eusse éprouvé un sentiment de bonheur.

Ainsi donc, sensations internes de satisfaction ou de souffrance, voilà tout ce que nous devons attendre de nos actions. D'autres récompenses ou d'autres châtiments, terrestres ou célestes, sont profondément injustes, nos actes n'étant pas libres.

Mais si nos actes n'appellent ni récompenses ni punitions, pourquoi la société s'arroge-t-elle le droit de punir ou de récompenser ? A cette objection connue la réponse est également connue et facile et corrobore notre théorie.

Jamais la société ne punit un acte par cela seul qu'il est mauvais en lui-même. Elle ne sévit que lorsqu'il porte atteinte à sa marche progressive, lorsqu'il peut compromettre les intérêts moraux qu'elle est chargée de sauvegarder.

Et il est tellement vrai qu'il serait injuste de récompenser ou de punir une action, uniquement parce qu'elle est honnête ou deshonnête, que la société n'entervient jamais dans l'appréciation de vos actes privés, fussiez-vous un modèle de loyauté ou un type de laideur morale. A-t-elle jamais songé à récompenser un homme pour être dans sa vie domestique bon fils, bon époux, bon père, etc.? Et s'est-elle jamais imaginé de le châtier parce qu'il sera chez lui ignoble, avare, lâche, ivrogne, dur pour les malheureux, etc.?

Mais ces mêmes actes, publics et patents, la société a le droit de les punir ou de les récompenser, selon qu'ils lui portent ou non préjudice, selon qu'ils ont une influence sur son développement normal. C'est ainsi que, par un contraste singulier, elle se croit quelquefois forcée, dans son intérêt, de condamner la vertu. Ne l'avons-nous pas vue (dans un but de conservation que je n'ai point l'intention de discuter en ce moment), ne l'avons-nous pas vue, en des périodes troublées, exécuter des hommes coupables de crimes légaux, et qu'elle savait cependant mus par des sentiments généreux et patriotiques ? Et, dans le même ordre d'idées, pourquoi les lois punissent-elles un même délit de deux façons disproportionnées ? Ainsi un homme, revêtu de l'habit militaire, frappe son supérieur : il est condamné à mort. Ce même individu, non militaire, commet la même faute dans des conditions tout à fait identiques : il est passible seulement d'une légère amende. Dans le premier cas, la loi a voulu sauvegarder la discipline qui est la force de l'armée ; dans le deuxième, elle a jugé que l'intérêt social n'était que médiocrement en jeu.

En récompensant ou en punissant, la société ne doit avoir qu'un but : créer chez l'homme des *stimulants* au bien, notre seul objectif. Tout autre but serait illogique. En punissant publiquement, elle veut rappeler au coupable, ou à ceux qui seraient tentés de l'imiter, que les motifs pour le mal doivent être moins intenses que les motifs pour le bien (1) ; de même, par des récompenses publi-

(1) Il est à peine besoin de dire que les idées matérialistes sur le libre arbitre imposent les conséquences suivantes :

ques, elle veut multiplier les stimulants au bien. Mais jamais elle ne punira un coupable dans 'intention de tirer de lui une vengeance personnelle.

Nous avons tenu à traiter à fond la question du libre arbitre , car sa solution dans le sens négatif , c'est le spiritualisme abattu. La non existence du libre arbitre , en effet , en supprimant la responsabilité , le mérite et le démérite des actes humains , supprime du même coup la vie future , l'âme immortelle et jusqu'à Dieu, en tant que notre juge suprême après la mort. Maintenant résumons notre théorie sur ce point important :

Nos actes sont toujours nécessités par des motifs ; et, dans leur accomplissement , nous obéissons toujours à la plus grande somme de motifs ou aux motifs les plus puissants.

Le but de tout état social étant l'universalité du bien et l'extinction du mal , nous devons rendre chez l'homme les motifs qui déterminent

1º *Abolition de la peine de mort*, cette punition pouvant être un stimulant capable de prévenir un crime, mais dépassant le but chez le criminel qui la subit.

2º *Nécessité d'adopter en principe les circonstances atténuantes* dans toute condamnation judiciaire.

le bien plus nombreux que ceux qui déterminent le mal.

Si cette dernière condition était irréalisable,
notre théorie serait désastreuse. Heureusement
il n'en est point ainsi. Nous pouvons toujours
rendre la somme des motifs qui portent au bien
plus grande que celle qui porte au mal ; et
c'est précisément grâce à cela que notre théorie
tend au progrès de l'humanité. Nos actes
resteront toujours *forcés :* il s'agit de les rendre
forcément bons.

Pour cela, il suffit, par L'ÉDUCATION, L'INS-
TRUCTION et L'EXEMPLE, d'inculquer souvent et
longtemps l'idée du bien dans le cerveau de
l'homme. Cette idée, abondamment accumulée
et emmagasinée dans les cellules nerveuses
centrales, se réveillera quand nous serons en
face d'un acte à accomplir et déterminera forcément cet acte dans le sens du bien.

Notre théorie conduit au *fatalisme,* si l'on
veut, mais au fatalisme forcément bon, au
bien fatal.

Combien ce fatalisme salutaire est différent
du fatalisme aveugle auquel nous mène un
certain spiritualisme ! Si Dieu, en effet, dirige et
commande les pensées et les actions humaines,
nous ne sommes que son instrument. A quoi
bon, dès lors, l'instruction et la recherche du

juste et du vrai pour nous améliorer? Aurions-
nous la prétention de rectifier les pensées que
Dieu nous envoie et les actions qu'il nous
commande ? Ne sait-il pas mieux que nous
quelle est notre destinée ? Par conséquent,
laissons-le faire, croisons-nous les bras et
vivons au hasard.

VII.

MORALE MATÉRIALISTE.

CONCLUSIONS.

Ainsi, pour le matérialiste, il n'y a ni immortalité de l'âme, ni vie future, ni récompenses, ni punitions.

En renversant des croyances aussi invétérées, acceptées comme consolantes par le plus grand nombre et constituant le fond de la morale actuelle, nous serions coupables (même avec la certitude que ces croyances reposent sur des bases fausses) de les remplacer par des principes même vrais, si ceux-ci n'apportaient point avec eux une morale supérieure ou du moins équivalente.

En d'autres termes, la question au fond se pose ainsi : *Les religions peuvent-elles être remplacées par une bonne morale ?*

C'est la prétention du matérialisme, hâtons-nous de l'avouer, de substituer à la morale dite religieuse une morale plus vraie, plus élevée et plus utile à la fois.

Mais, avant d'aller plus loin, il est nécessaire de rechercher et de dire sur quelles bases précises, solides et durables l'homme doit fonder sa philosophie et sa morale. Ouvrons, pour ces développements, une vaste parenthèse.

[L'homme n'a aucune attache surnaturelle ou extra-terrestre : il appartient essentiellement au domaine de la nature. Son but est de vivre en relations sociales avec ses semblables et dans les conditions qui assurent le plus efficacement le bien-être général sur la terre.

Sa philosophie doit donc prendre ses racines en lui-même et non hors de lui et dans un monde imaginaire. C'est en étudiant sa constitution physique, ses fonctions et sa place dans la nature ; c'est en disséquant en quelque sorte l'homme physiologique que nous arriverons à une philosophie positive. Toute doctrine qui n'aura point ses bases dans l'organisation et le fonctionnement de l'être humain est condamnée d'avance et ne peut durer.

Eh bien ! que nous apprend l'étude physiologique de l'homme ?

1° Un fait général domine tout. Le voici : L'homme éprouve du *plaisir* quand ses fonctions s'accomplissent normalement ; il éprouve de la *peine* quand elles s'accomplissent d'une manière anormale. Et j'entends non-seulement ses fonctions *organiques* proprement dites, mais encore ses fonctions encéphaliques que j'appellerai *intellectuelles* et *morales,* à défaut d'autres termes.

Ainsi, lorsque nos fonctions organiques (digestion, respiration, circulation, etc.) s'effectuent naturellement, amenant comme résultat la *santé*, nous ressentons un bien-être. — Nous éprouvons, au contraire, de la douleur lorsque survient à ces mêmes fonctions une entrave déterminant comme conséquence la *maladie.*

De même, nous jouissons quand nos fonctions intellectuelles se font bien, c'est-à-dire quand nous avons acquis sur un sujet donné une connaissance ou une instruction quelconques, quand nous avons trouvé la solution d'un problème, démontré un principe, fait ou vu faire une œuvre scientifique, industrielle, artistique ou littéraire dans le sens du vrai, du beau et de l'utile; quand nous avons, en un mot, conquis la *vérité* à un degré quel qu'il soit. — Dans le cas contraire, nous éprouvons un malaise si ce même travail intellectuel n'a pu nous faire découvrir la vérité ou nous a conduits à l'*erreur.*

De même enfin, nous sommes heureux si notre fonctionnement moral est régulier, c'est-à-dire lorsque nous avons découvert, proclamé, appris ou enseigné une vérité morale, ou que nous avons accompli le bien ; lorsque la *justice,* en un mot, est dans nos actes ou dans notre pensée. C'est à dessein que je dis *dans notre pensée,* car nous jouissons non-seulement quand nous faisons le bien, mais encore quand nous le voyons faire ou l'entendons raconter. Qu'est-ce, en effet, que ce cri d'admiration que nous arrachent la vue d'un grand acte accompli ou la lecture de sublimes pensées morales traduites en un style sublime, si ce n'est l'expression vivement sentie du bonheur que nous fait éprouver tout ce qui est bien ? — Nous souffrons, au contraire, chaque fois que nous concevons ou commettons un acte injuste, que nous entendons proclamer ou voyons commettre l'*injustice* à la place de la justice.

Ainsi, PLAISIR par l'accomplissement normal de nos fonctions organiques, intellectuelles et morales, que j'appellerai désormais plus brièvement *santé, vérité, justice ;*

Et PEINE par leur accomplissement anormal, c'est-à-dire par la *maladie,* l'*erreur,* l'*injustice.* Voilà le fait essentiel qui domine la physiologie de l'être humain.

2° Le but de notre vie en société, de notre fonctionnement social est le bonheur de l'humanité, le bien-être général, ou, en d'autres termes, la satisfaction des besoins de chacun. (Ne lisez pas *caprices* ou *fantaisies* de chacun.)

Ici encore, n'allons point chercher la solution du problème en dehors et au-dessus de l'homme : nous la trouverons dans le fonctionnement normal de son organisme, c'est-à-dire dans la santé, la vérité et la justice. Bien plus, nous ne l'obtiendrons entièrement et exclusivement que par la réalisation de ces trois conditions.

En effet, la santé nous procure la force physique et tous les avantages qui en découlent tant pour notre bien-être corporel que pour celui de nos semblables, plus faibles et plus chétifs, que nous pouvons secourir de nos bras, de notre puissance musculaire et de notre activité.

Avec la vérité, nous arrivons aux découvertes scientifiques et industrielles, à l'art de nous vêtir, de construire nos maisons, d'établir des chemins de fer, des télégraphes, etc., enfin aux nombreuses et utiles améliorations qui constituent la civilisation proprement dite et qui concourent au bien-être général des sociétés.

Enfin, par la justice et la pratique du bien, nous atteignons aux mille vertus civiques ou privées, et aux institutions politiques et sociales qui sont de nature à assurer le progrès humanitaire.

J'ai dit (et c'est ce qui va démontrer toute la solidité de notre doctrine philosophique), j'ai dit que le bonheur de l'humanité, qui est notre but, ne peut être exclusivement atteint que par le fonctionnement normal de notre organisme (santé, vérité et justice), et je le prouve.

En effet, l'absence de santé a sur notre bien-être une influence que personne ne conteste. Elle amènera forcément une diminution dans la durée moyenne de la vie, l'abaissement de l'intelligence, la dégénérescence des races, etc.

De même, si nous violons les lois de la vérité et de la science ; si nous appliquons aux arts et à l'industrie des formules fausses ; si, par exemple, nous méconnaissons les règles architecturales dans l'édification de nos demeures, ou les propriétés du calorique dans la construction des machines à vapeur, ou les qualités vénéneuses de certaines substances, etc., nous risquerons de nous blesser, de nous tuer ou de nous empoisonner, et la civilisation compromise ne progressera pas.

De même encore, si nous enfreignons les principes de la justice ; si nous tuons, si nous volons, si nous manquons à la parole donnée ;

si, par un faux et coupable calcul, nous laissons dans l'ignorance et l'infériorité les masses préparées ainsi à l'oppression ou à la révolte; si le fort persécute le faible, si le riche exploite le pauvre, etc. , nous ne verrons que secousses et bouleversements, et, par conséquent, recul dans la marche de la société.

Et ne venez pas nous objecter que notre doctrine (qui veut la satisfaction des besoins de chacun) autorise précisément le vol, le meurtre, le mensonge ou tout autre acte immoral, sous prétexte que ces actes peuvent réaliser la satisfaction des besoins de leurs auteurs. A cette objection plus spécieuse que sérieuse la réponse est facile. Si nous tuons ou volons pour satisfaire nos besoins personnels, qu'arrivera-t-il en effet? Nous donnerons aux autres le droit de nous tuer ou de nous voler et ils en useront; le crime sera en permanence et, cette réciprocité d'actes dommageables tournant au détriment de notre bonheur, notre but sera complètement manqué.

Ainsi, notre philosophie se trouve liée étroitement et nécessairement à la pratique de la vérité et de la justice chez tous. Celles-ci en sont les conditions indispensables. Oserezvous encore jeter l'anathème à une doctrine qui a de pareilles bases ? Direz-vous encore que notre matérialisme, qui ne peut exister que par le règne de la vérité et de la justice, est une théorie menant au désordre, à l'anarchie, à l'immoralité ?

En résumé, deux faits principaux découlent de l'étude naturelle de l'homme :

1° *Sensation de plaisir* par l'exercice normal de ses fonctions ou de ses facultés, c'est-à-dire chez l'homme possédant la santé, la vérité et la justice. — *Sensation de peine* dans le cas contraire.

2° *Utilité et profit* pour la société tout entière de la santé, de la vérité et de la justice chez chacun. — *Dommage* pour elle dans les conditions opposées.]

Appliquons maintenant ces idées générales sur la philosophie à la morale qui est une branche de celle-ci, et mettons en parallèle les morales spiritualiste et matérialiste, dans leurs mobiles comme dans leurs résultats.

Le but de la morale est d'arriver à la pratique du bien.

La meilleure morale est, sans contredit, celle qui possède les mobiles les plus sûrs et les plus puissants pour nous pousser à la fois au bien et à la plus grande somme possible de bien.

Or, quels sont ces mobiles dans l'une et l'autre des deux morales en présence ?

Selon le spiritualisme , vous faites le bien en vue d'une *récompense future*. La récompense future , tel est votre mobile et vous n'en avez pas d'autre.

Le matérialiste, lui, fait le bien, mû 1° par *la satisfaction intérieure que procure l'accomplissement d'une bonne action ;* 2° par *l'utilité qui en résulte pour la société en général.* Ces mobiles sont inhérents à notre nature, ainsi que le prouve l'étude physiologique que nous venons de faire de l'être humain.

Comparons-les.

MOBILE SPIRITUALISTE. Je ne nie point que l'espoir d'une récompense céleste soit pour certaines personnes un stimulant au bien. Mais pour que ce mobile soit réellement efficace, il faut essentiellement qu'il puisse agir sur tout le monde et que personne ne puisse lui échapper. C'est ce qui n'a pas lieu. Combien d'hommes regardent l'idée d'une vie et d'une récompense futures comme une conception pure de l'imagination, comme quelque chose d'irrationnel et d'irréalisable et auquel , par conséquent, ils ne peuvent pas croire ! Quel autre mobile du bien, à défaut de celui-ci , va leur offrir le spiritualisme? Aucun, puisqu'il n'en admet et n'en enseigne pas d'autre. Ces hommes vont se trouver ainsi sans boussole morale. Votre doctrine est donc incomplète et imparfaite.

D'un autre côté, interrogez nombre de gens, même les plus honnêtes, parmi ceux qui se disent croyants ; ils vous avoueront très-sincèrement que le mobile en question n'influence en rien la détermination de leurs actes. Eh! quelle leçon dans ce simple aveu! N'y voyez-vous pas l'indice d'un mouvement profond et irrésistible qui travaille les esprits, et qui a ses causes dans la popularisation plus large des idées scientifiques modernes ainsi que dans le progrès continu du bon sens public? N'y voyez-vous pas, pour la génération actuelle, comme un besoin impérieux de chercher les bases d'une morale sérieuse ailleurs que dans les fantaisies d'une métaphysique religieuse qui ne satisfait plus sa conscience ? Ne voyez-vous pas enfin, dans ce scepticisme, un réveil général, et la preuve que la religiosité, cette marque des races inférieures et des peuples attardés, tend à disparaître chaque jour davantage pour faire place à des conceptions plus conformes à la réalité et à la nature ?

MOBILES MATÉRIALISTES. Ceux-ci, au contraire, sont positifs et généraux. Inhérents à notre organisation, ils s'imposent à chacun de nous. Tout le monde sent et subit leur impulsion : et c'est ce caractère d'universalité qui fait leur force.

Prouvons qu'ils sont réellement plus efficaces que le mobile des spiritualistes, car toute l'importance de la question est là. Le sujet vaut la peine de nous arrêter un instant.

1° *Satisfaction intérieure que donne l'accomplissement du bien.* — Ce mobile est, je ne crains pas d'être contredit, suffisant à lui seul pour nous déterminer à faire le bien, sans qu'il soit besoin de l'espérance d'une récompense future.

J'en appelle au sentiment de chacun. Qui de nous n'a ressenti une joie indicible quand il a pu soulager une infortune ou rendre un service sérieux à son semblable ? Et, dans l'accomplissement de cette bonne action, qui de nous a pensé un seul instant à une récompense céleste ?

Mais ils sont rares, dites-vous, ceux qui font le bien pour le bien, avec ce désintéressement et cette abnégation. C'est là une exception. — Ils sont rares, j'en conviens ; mais quelle en est la raison ? Elle consiste en ce que la notion du bien n'est pas assez précise chez les hommes. Du moment que vous êtes incapables de reconnaître qu'une action est bonne, il est évident qu'il vous sera impossible d'éprouver un sentiment de bonheur à l'accomplir. Ces deux faits, notion du bien et sentiment de bonheur, sont corrélatifs et liés l'un à l'autre. Ce qui manque le plus chez nous, je le répète, c'est la notion exacte du juste ; mais celle-ci étant acquise, la satisfaction que l'on éprouve à bien faire est chose constante et générale, et cette satisfaction est d'autant plus grande que l'acte lui-même est plus important. Aussi, universalisons l'idée et la connaissance du bien, et l'exception dont vous parliez plus haut deviendra la règle. La civilisation et l'humanité tendent à progresser, la morale à se perfectionner, ce qui est rare aujourd'hui sera plus fréquent et vulgaire dans l'avenir ; mais ne dites point qu'il est impossible à la nature humaine de faire le bien uniquement pour le bien, avec désintéressement, et si elle n'a pas la perspective d'une récompense future.

Scrutez votre propre conscience, recueillez vos souvenirs, interrogez l'histoire et les exemples ne vous manqueront pas.

Pour moi, je me souviens de maintes circonstances (et elles ne sont pas rares dans la vie des médecins) où, par une opération bien conduite et des soins dévoués, j'ai pu arracher un fils à une mort certaine ou rendre une mère à ses enfants. Je n'ai jamais éprouvé de joie plus pure. Le bonheur que je ramenais dans une famille éplorée, je le partageais, et je ne pensais pas un seul instant à une autre récompense. Et ne dites pas que les honoraires qui m'attendaient devaient être mon dédommagement ; le plus souvent, dans ces cas, ils n'ont fait qu'atténuer mon bonheur.

Nous avons tous été jeunes. Je cite la jeunesse parce que, à cet âge généreux, l'homme non encore découragé, affaibli ou brisé par le fardeau de la vie, donne toute la mesure de sa force morale. Eh bien! tous, n'avons-nous pas eu quelques amis avec lesquels nous mettions en commun nos joies et nos peines, et pour lesquels nous eussions souffert jusqu'au sacrifice? Et dans nos actes de désintéressement ou de dévouement réciproques, avons-nous songé un moment à une récompense céleste ?

Dira-t-on que, dans l'antique Grèce ou dans la Rome païenne, ces hommes, qui nous ont légué tant d'exemples de vertus sublimes et souvent farouches, pensaient à un dédommagement d'outre-tombe ? Quel mobile inspirait la mère spartiate ordonnant à son fils de ne

revenir du combat que mort ou victorieux ?
Et le vieil Horace, plutôt que de voir son fils
déshonoré par la fuite, préférant « qu'il mourût »
et s'écriant :

> N'eût-il que d'un moment reculé sa défaite,
> Rome eût été du moins un peu plus tard sujette !
> CORNEILLE.

Et Brutus immolant lui-même ses propres
enfants conspirant contre la République nais-
sante ! Et Cincinnatus refusant toutes dignités
après avoir sauvé Rome et revenant à sa charrue !
Et Régulus fidèle à la parole donnée, allant
reprendre ses fers à Carthage, sûr d'y trouver
la mort ! Et tant d'autres !

Ces hommes n'avaient pour mobile de leurs
actes que l'amour de la patrie, c'est-à-dire le
bonheur de voir leur patrie libre et grande. Ce
sentiment suffisait pour leur inspirer de nobles
actions. Et nous, plus avancés qu'eux, nous
chez qui l'amour de la patrie, agrandi par la
civilisation, est devenu l'amour de l'humanité,
pourquoi ne serions-nous pas, comme eux,
capables des mêmes actions ou d'actions plus
belles encore avec le même désintéressement ?

Ne voyons-nous pas à chaque instant des
sacrifices individuels faits avec l'abnégation la

plus pure? L'homme qui, au péril de ses jours, se jette à l'eau pour sauver son semblable, calcule-t-il la possibilité d'une rémunération? Le soldat qui s'avance au milieu des balles pour défendre le sol sacré, pense-t-il un instant que l'abandon de sa vie lui sera compté plus tard? Bien des héros obscurs de nos dernières guerres ont dû sourire, quand ils ont entendu proclamer, du haut de la tribune de l'Assemblée nationale française, cette étrange assertion que la croyance en Dieu pouvait seule engendrer le dévouement et l'amour patriotiques, et qu'il fallait, comme corollaire, créer des aumôniers militaires (1).

Et ces nombreux martyrs des nobles causes, ces matérialistes bravant l'exil, la prison et la mort pour le triomphe des grands principes, pour l'affranchissement et la fraternité des peuples, pour la fin de l'ignorance, de la tyrannie et de la misère, direz-vous qu'ils sont mus par l'espérance d'une récompense future, eux qui ne croient pas à l'immortalité de l'âme?

J'ai rencontré souvent des honnêtes gens, ayant fait le bien durant toute leur existence, me dire : « J'ignore s'il y a un Dieu et une

____

(1) *Journal officiel,* séance du 20 mai 1874.

autre vie après celle-ci ; peu m'importe. Je fais le bien parce que ma conscience me le dicte. » Ces sceptiques ne sont pas aujourd'hui si rares qu'on le pense ; et que sera-ce plus tard, quand nous aurons pu nous dépouiller de ces croyances irrationnelles dont on sature nos cerveaux dès notre enfance ?

N'avez-vous pas vu cent fois certaines familles dont tous les membres, étroitement unis par les sentiments d'une mutuelle affection, étaient prêts à mourir les uns pour les autres sans se préoccuper des récompenses qui pouvaient les attendre là-haut ? Eh bien ! ce qui est vrai pour une famille, pourquoi ne le serait-il pas pour les membres d'une agglomération plus grande, pour ceux d'une commune, d'une ville, d'une nation, pour l'humanité tout entière ? Ce sera l'œuvre du temps, d'un très long temps. Soit. Mais c'est chose possible et cela m'autorise à tirer cette première conclusion, à savoir : Une bonne action a son mobile suffisant dans le bonheur qu'elle procure.

2° *Utilité pour la société de l'accomplissemeut d'une bonne action.* — Ce mobile repose sur la loi naturelle de solidarité qui régit le fonctionnement de l'être collectif qu'on nomme société.

De même que dans notre économie, une dans
sa complexité, toute fonction qui s'accomplit
heureusement ou péniblement réagit sur le reste
de l'organisme, de même, en vertu de la loi de solidarité, le bien ou le mal qu'éprouve un des membres du corps social exerce son action sur le corps
tout entier. Le bien appelle le bien, soit par le
sentiment de reconnaissance qu'il fait naître
chez celui qui en est l'objet, et qui l'oblige à
la réciproque, soit par le devoir qu'il impose à
ceux qui le reçoivent de rendre le même service
à autrui dans des circonstances analogues.
D'autre part, le mal attire le mal, soit par l'idée
de vengeance ou seulement le besoin de défense
personnelle qu'il suscite chez celui qui en est
la victime, soit par le droit que s'arroge l'homme
qui reçoit un préjudice de se dédommager, à
son tour, aux dépens de ses semblables. Si donc
le bien ou le mal entraînent la réciprocité, la
logique la plus élémentaire dit assez que,
dans l'intérêt de la société, nous devons pratiquer l'un et éviter l'autre.

Mais, objectez-vous, le bien que nous faisons
ne nous est pas toujours rendu ; quelquefois
même il nous est nuisible. D'un autre côté, le
mal qui nous est fait n'est pas toujours réparé,
et souvent même son auteur y trouve un
avantage. Nous ne voyons là rien qui détruise

notre principe de solidarité et qui doive nous empêcher de faire le bien en toute occasion. Ce bien que nous faisons ainsi, on le rendra immanquablement à nos enfants, à notre prochain ou à des inconnus qui en auront besoin. Nous pouvons ne pas en recevoir un profit direct, mais l'humanité dont nous sommes membres le recevra. De même aussi, ce mal dont vous êtes victimes, si vous n'en obtenez point directement la réparation, vos enfants l'obtiendront; ou, tout au moins, il suscitera l'idée et les efforts de chacun de s'en préserver et d'en préserver les autres.

Grâce à la loi de solidarité, nulle bonne action n'est perdue. L'exemple du bien sera suivi tôt ou tard, en tout ou en partie : c'est une semence qui, dans un temps plus ou moins rapproché, portera ses fruits et dont toujours la société profitera.

Le bien que fait chaque individu séparément est donc une utilité pour la collectivité : dès lors, cette utilité s'impose comme un puissant mobile de nos actes, à nous dont le seul objectif est le bien-être de l'humanité. Ce mobile bien compris amènera d'immenses résultats ; il nous permettra d'une manière facile et naturelle de conquérir de nobles vertus et d'accomplir de grandes actions. Il assure ainsi la supériorité de notre morale positive sur la morale religieuse.

RÉSULTATS DES DEUX MORALES. Nos actes valent ce que valent leurs mobiles. De même que nous venons de voir nos mobiles matérialistes plus généraux et plus efficaces que le mobile spiritualiste, de même les résultats seront plus sérieux et plus constants avec notre morale qu'avec la morale religieuse.

Ecartant dans celle-ci le point de vue égoïste qui, portant l'homme à chercher son salut avant tout, lui fait considérer son corps comme une guenille, le conduit aux mortifications, aux jeûnes, au célibat, à la vie cloîtrée, aux prières perpétuelles et autres inutilités et, comme conséquence, à l'intolérance religieuse, nous constaterons aisément que cette morale est moins virile que la nôtre.

Avec votre morale, vous éviterez assurément le mal dans une certaine mesure, vous ferez même scrupuleusement ce bien qu'on peut appeler élémentaire et vulgaire; mais les grandes choses vous resteront inconnues. Qu'a produit le catholicisme depuis tant de siècles ? N'êtes-vous pas à la fois surpris et désolés de voir qu'une pareille puissance, plus forte que les gouvernements et les rois, ayant eu si longtemps

et ayant encore tant de pouvoir entre les mains,
ait obtenu de si minces résultats? A-t-il élevé
chez les peuples modernes le niveau moral plus
haut qu'il ne l'était dans l'Athènes d'Epicure
et de Zénon ou dans la Rome républicaine?
Où sont les vertus nouvelles qu'il nous a données
ou les conquêtes sociales qu'il a réalisées?
A-t-il jamais été le promoteur de progrès humanitaires? Loin de là; il les a, en toutes circonstances, entravés ou combattus; et, pour peu
que je voulusse approfondir la question, il me
serait facile de prouver qu'il a plutôt retardé
qu'avancé la civilisation. Dans ce que renferme
de meilleur votre religion, je ne vois rien qui
provienne d'elle seule, rien qui ne lui ait été
légué par les philosophies anciennes et par la
gréco-romaine plus directement. Je n'en excepte
même pas le principe de la fraternité, que
vous prétendez avoir proclamé les premiers et
que, dans tous les cas, vous avez été impuissants à faire pratiquer (1). Avec votre morale
religieuse, vous resterez les victimes résignées
ou les spectateurs insouciants du mal qui vous
frappe ou qui vous entoure, mais vous ne

(1) Plusieurs siècles avant Jésus-Christ, les Stoïciens ensei-
gnaient déjà, à un peuple avide de leurs leçons, la doctrine de
la fraternité universelle et du cosmopolitisme. L'homme, pour
eux, était citoyen du monde entier.

réagirez ni ne lutterez jamais contre lui,
laissant à Dieu le soin de le réparer dans un
autre monde. En un mot, vous ne nous offrez
qu'une morale rétrécie et en quelque sorte
passive, une morale sans initiative, sans gran-
deur, sans rayonnement (1).

Avec la nôtre, au contraire, ne perdant jamais
de vue que notre société a une destinée qui dépend
de nous-mêmes et de nous seuls, que nous devons
attendre tout de nos efforts et rien d'en haut,
que notre but est le bonheur de cette société
par la fraternité et la solidarité, nous recher-
cherons activement le bien et nous le ferons
partout où il pourra être fait parce qu'il est un
élément de progrès ; et nous combattrons l'er-

(1) « Démontrer, dit M. André LEFÈVRE dans un remarquable
passage, que ce qu'il y a d'à peu près chrétien dans la morale
prétendue chrétienne : subordination du concept de la justice
à un principe d'amour capricieux, la grâce ; intervention inter-
mittente, par des miracles et des fléaux, de la Providence dans
les affaires humaines ; adoration d'un maître jaloux et vengeur ;
obéissance passive aux vicaires, spirituels ou temporels, de ce
roi inconnu, constitués arbitres du bien et du mal ; réduction de
la vertu à la poursuite d'un salut imaginaire ; expiation d'un
péché originel antérieur à toute action, inutilement racheté
par un Dieu incarné ; croyance à de bons ou mauvais anges,
à un paradis et à un enfer éternels ; efficacité de formules pro-
pitiatoires et de pratiques superstitieuses ; intolérance absolue
combinée avec une fraternité vague ; renoncement absolu

reur, l'injustice, la misère, le mal, en un mot, partout où nous le rencontrerons parce qu'il est une cause de recul et de décadence de la civilisation et de l'humanité.

Telle est la morale sublime et progressiste du matérialisme scientifique, morale bien en rapport avec les vérités dont elle découle. Tandis que le spiritualisme, basé uniquement sur des conceptions plus ou moins brillantes et spécieuses de l'imagination, engendre une morale incomplète, qui a pu être suffisante jusqu'ici, mais qui ne l'est plus pour l'avenir ; le matérialisme, au contraire, reposant sur des principes naturels et fixes, dérivés eux-mêmes de l'organisation et du fonctionnement de l'être

exploité par une avidité exemplaire ; supériorité du célibat ; mortification de la chair ; culte idolâtrique d'une vierge mère ; glorification de l'extase stérile ; encouragements donnés à la mendicité paresseuse et hypocrite par l'aumône partiale ; indignité du travail ; abaissement de la dignité humaine ; inutilité dangereuse de la science, source de tous les maux, cause de la déchéance du premier homme ; démontrer, dis-je, que cet amas d'erreurs et de préceptes iniques est en contradiction avec les mœurs et la morale civilisées, avec les besoins, les intérêts et les idées qui dirigent la vie moderne, c'est une tâche aussi aisée que superflue. L'Eglise elle-même a pris soin d'accuser, dans un *syllabus* naïf, l'incompatibilité de ses doctrines avec l'existence de la société civile, laïque et libre. » (*La Philosophie*, par André LEFÈVRE, page 600.)

humain, donne une morale solide, élevée, régénératrice et fertile en résultats utiles.

Est-ce à dire que nous, matérialistes convaincus, nous pensions que, d'un coup de baguette, notre doctrine puisse remplacer instantanément dans les masses, sans transition ni préparation, la doctrine ancienne. Assurément non. Une pareille révolution, opérée brusquement, ne serait point sans amener certaines secousses ou certains bouleversements qui doivent être évités. Mais si nous écartons la transition subite, nous voulons le progrès continu.

Tout, dans ce monde, doit se transformer et se transforme, en effet, successivement et graduellement, aussi bien les choses physiques que les œuvres politiques, sociales et morales. De même qu'il fut un temps (pour ne parler que de la France) où le gouvernement monarchique avait son utilité, et qu'il a fait place au gouvernement républicain quand le peuple, devenu en quelque sorte majeur et émancipé, a pu faire ses propres affaires; de même en philosophie, tant que l'instruction et l'éducation largement répandues n'auront pas suffisamment marqué le sillon qui sépare le vrai du faux, le juste de l'injuste, tant qu'elles n'auront pas assez profondément imprimé dans le cerveau de l'homme les mobiles qui doivent le déterminer au bien, le spiritualisme religieux, avec ses promesses de récompenses ou ses menaces de châtiments, conservera une certaine raison d'être. Les masses ignorantes sont comme les enfants : il faut s'adresser à elles avec des épouvantails ou des jouets.

Mais peu à peu, à mesure que les peuples deviendront plus éclairés, la libre pensée et le raisonnement renverseront toutes les vieilles doctrines, les religions s'écrouleront comme des édifices vermoulus, et le matérialisme (qui n'est autre que la science), avec sa morale sublime et féconde tenant lieu de religion, règnera sur toutes les intelligences et dirigera les sociétés vers leur but naturel qui est le progrès et le bonheur indéfinis.

Pour cela, il faut que l'éducation soit virile, l'instruction sérieuse, que la morale soit fortement enseignée à tous en des codes spécialement adaptés à chaque âge. Il faut que les grandes vertus nous soient familières, la justice, la fraternité, le mépris de la mort (non de la vie), le sacrifice du particulier au général, c'est-à-dire l'effacement de l'individu devant la famille, de la famille devant la patrie, de la patrie devant l'humanité. Il faut enfin que nous nous identifiions avec les grands principes démocratiques, l'égalité, la solidarité, les libertés individuelle et de conscience, l'inviolabilité de la vie humaine , etc., etc.

A ce moment, nous abandonnerons sans regrets cette croyance à une vie future si chère à tant de monde , cette conception fantaisiste que l'on nous a inculquée dès notre enfance et dont nous avons tant de peine à nous débarrasser. Cette vie future, cette immortalité, nous la chercherons et nous la conquerrons d'une manière différente et plus utile. L'immortalité, pour nous matérialistes , c'est de recueillir pieusement l'héritage moral de nos pères , d'éviter leurs erreurs , de conserver et perpétuer le souvenir de leurs bonnes actions et de nous en inspirer ; c'est de revivre dans nos enfants et dans la postérité en leur léguant de beaux exemples à suivre, de nobles vertus à imiter et en leur transmettant notre patrimoine ainsi agrandi et amélioré.

Cette immortalité , bien comprise et par là susceptible d'une immense et heureuse influence sur les progrès de l'humanité, ne vaut-elle pas mieux que cette vie posthume où vous devez recevoir individuellement, et selon vos actes sur cette terre , une récompense ou un châtiment stériles ?

CONCLUSIONS.

De ce qui précède, nous sommes en droit de conclure que :

1° La religion et la morale sont deux choses distinctes et indépendantes l'une de l'autre. La religion n'est point la base nécessaire de la morale.

2° Les religions ont pu avoir leur utilité à l'origine des sociétés et dans les époques d'ignorance ; mais, ne reposant sur rien de positif et de complètement naturel, elles crouleront dans un temps plus ou moins prochain, quand les peuples seront plus éclairés.

3° Elles seront remplacées par une morale solide, fondée sur des principes vrais et fixes, et suffisante à elle seule pour assurer le progrès de la civilisation et le bonheur de l'humanité. Au lieu du mot populaire *il faut de la religion*, nous disons *il faut de la morale*.

4° Le matérialisme scientifique , étant la philosophie qui nous donne la connaissance de ces principes vrais et de cette morale solide , est la philosophie de l'avenir. Il est destiné à supplanter toutes les doctrines qui ne s'appuient pas sur la science expérimentale et sur la raison.

FIN.

TABLE DES MATIÈRES.